예배, 이 땅에서 하늘을 누리다

예배, 이 땅에서 하늘을 누리다

조호진

좋은씨앗

예배, 이 땅에서 하늘을 누리다

초판 1쇄 발행 / 2017년 10월 24일
초판 3쇄 발행 / 2025년 7월 16일

지은이 / 조호진
펴낸이 / 신은철
펴낸곳 / 좋은씨앗
출판등록 / 제4-385호(1999. 12. 21)
주소 / 서울시 서초구 바우뫼로 156(MJ 빌딩), 402호
주문전화 / (02)2057-3041 주문팩스 / (02)2057-3042
e-mail / good-seed21@daum.net
www.facebook.com/goodseedbook

ISBN 978-89-5874-420-7 04230

ⓒ 조호진 2017

이 책의 저작권은 저자와 독점 계약한 도서출판 좋은씨앗에 있습니다.
신저작권법에 의하여 보호받는 저작물이므로 무단 전재와 복제를 금합니다.

정의와 진리의 나라를 소망하며
—
유연이와 주온이를 축복합니다

차례

추천의 글 • 8
여는 글: 우리의 예배 어디서 왔을까? • 11

● — 첫 번째 예배 (계 1:9-20)

1장. 밧모섬, 첫 번째 예배가 시작되다 • 20
2장. 예수 그리스도, 밧모섬에 임재하시다 • 26
3장. 요한, 주님 발 앞에 엎드러지다 • 34
4장. 예배란 무엇인가? • 44
5장. 교회와 성도들에게 말씀을 선포하시다 • 53

● — 두 번째 예배 (계 4:1-6a)

6장. 찬란하고 영광스러운 하나님 나라에 올라가다 • 62
7장. 예배, 하나님 나라에서 내려온 완전한 계시 • 69
8장. 보좌에 앉으신 하나님의 영광을 목도하다 • 73

9장. 하나님 앞에 엎드려 경배하고

　　　하나님만을 고백하고 선포하다 • 83

10장. 하나님 나라와 예배는 현재진행형이다 • 95

● — 세 번째 예배 (계 5:1-7)

11장. 하나님 앞에 은혜가 필요한 피조물로 서다 • 106

12장. 하나님 오른손에서 두루마리를 취하시다 • 113

13장. 하나님 나라의 모든 존재가 예수님께 예배드리다 • 123

14장. 예배에 관한 몇 가지 기준 • 132

닫는 글: 예배를 통해 누리는 은혜 • 145

예배 관련 추천 도서 • 149

추천의 글

흔히 말하길 교회의 두 축은 예배와 소그룹이라고 합니다. 그만큼 예배는 우리 신앙생활에서 큰 비중을 차지하고 있습니다. 이런 의미에서 예배를 깊이 이해하는 것은 건강한 신앙생활을 하는 데 큰 도움이 됩니다.

예배의 기원과 의미를 깊이 있게 살핀 저자의 글을 읽으며 특히 하나님 앞에 피조물로서 겸허히 드리는 예배에 대해 묵상하게 되었습니다. 예배하는 자가 마땅히 가져야 할 자세임에도 불구하고 우리는 이 기본적인 것도 자주 놓치고 있지 않나 돌아보았습니다.

예배의 본질을 회복하고 예배를 이해하고 대하는 우리의 자세가 새로워지길 바라며 이 책을 모든 성도들에게 추천합니다.

이찬수_ 분당우리교회 담임목사

저자는 성경을 성실하게 연구하는 목회자입니다. 그리고 성경에서 발견한 메시지대로 살아내야 한다고 믿고 가르치는 양육자이기도 합니다.

이 책에서 저자는 요한계시록에 나타난 세 개의 장면을 통해 참된 예배가 무엇인지를 탐구합니다. 전통적인 예배 관점을 가진 이들을 불편하게 만드는 내용도 없지 않지만, 참된 성경적 예배의 본질이 무엇인지를 본문 중심으로 설명하고 있기에, 동의하지 못할 몇몇 차이점을 뛰어넘어 고개를 끄덕이게 합니다.

이 책의 가장 큰 강점은 우리에게 예배의 본질을 충실히 추구하도록 질문과 고민거리를 던져준다는 데 있습니다. 예수 그리스도가 예배의 중심이 되어야 하고, 하나님 나라가 이 땅에 임한 것을 믿고 예배를 드려야 하며, 말씀 선포와 경배/찬양이 예배 내용이 되어야 한다는, 어찌 생각하면 너무나 당연한 본질을 우리 눈앞에 다시금 펼쳐 보여주면서 우리로 하여금 참된 예배자의 자세로 돌아갈 것을 권고합니다.

예배의 본질에 관심 있는 이들에게 귀한 유익이 있으리라 믿으며 일독을 권합니다.

김희석_ 총신대학교 신학대학원 구약학 교수

여는 글
우리의 예배 어디서 왔을까?

우리는 주일마다 교회에서 예배를 드립니다. 예배는 중요합니다. 예배는 신앙생활의 본질입니다. 이건 누구나 인정하는 사실입니다. 그런데 성경에 예배에 관한 내용이 나옵니까?

좀 당황스러울 것 같네요. 뭐 이런 질문을 하느냐고 생각할지 모르겠습니다. 하지만 진지하게 생각하고 대답해 봅시다. 정말 중요한 문제니까요.

구체적으로 질문해 보겠습니다. 성경에 "예배드리라"는 명령이 나옵니까? "십일조를 드리라", "안식일을 지키라"는 명령은 여러 차례 나옵니다. 그렇기에 "여기 있잖아요" 하며 성경에서 관련 내용을 찾아 제시할 수 있습니다. 그런데 성경에서 "예배드리라"는 명령을 읽어본 적이 있습니까? 일주일에 한 번은 예배드려야 한다는 명령을 읽어본 적이 있습니까? 우리는 무엇을 근거로 지금과 같은 방식으로 주일마다 예배를 드리고 있습니까?

저는 중고등부 시절, 예배의 마지막 순서인 축도를 받지 않으면 예배를 다 드린 것이 아니라고 배우며 자랐습니다. 아무리 급한 일이 있어도 예배 중간에 나가면 안 된다는 점도 중요했지만, 무엇보다 축도가 예배의 생명인 양 배우며 자랐습니다. 정말 예배는 반드시 축도로 끝나야 하는 건가요? 성경에서 축도가 얼마나 중요한지 설명하는 부분이 있습니까? 우리는 지금 성경에 근거를 둔 예배를 드리고 있습니까?

우리 중에 "성경 어디어디에 예배에 대한 상세한 내용이 나옵니다"라고 말할 수 있는 사람은 별로 없을 겁니다. 대답을 못하는 건 어쩌면 당연합니다. 성경에는 예배에 대한 가르침이 별로 나오지 않기 때문입니다.

바울을 생각해 봅시다. 사도 바울은 각 지역에 흩어져 있는 교회들에 서신을 띄워 한편으로 여러 문제를 지적하면서 다른 한편으로 복음을 자세히 선포했습니다. 하지만 열 권이 넘는 바울 서신에는 "왜 예배를 올바로 드리지 않느냐?" 같은 책망은 나오지 않습니다. 물론 "이러저러하게 예배드리라"는 권면도 나오지 않습니다. 교회마다 문제가 가득할 때 예배 회복이 우선이었을 텐데, 예배에 대해서는 아무 언급도 하지 않은 것이지요. 안타깝게도, 사도 바울이 예배에 대해 한마디도 언급하거나 설명하지 않았다는 것은 부정할 수 없는 사실입니다. 바울 서신만이 아닙니다. 마태, 마가, 누가, 요한 복음서에도 예배와 관련된 가르침이 거의 나오지 않습니다.

잘못된 기준: 회당-모임, 성전-제사, 시내산-언약 체결식

성경에 예배와 관련한 구체적인 가르침이 나오지 않는다면, 우리는 여태껏 무엇을 기준으로 예배를 드려온 것일까요? 예배 순서라든지, 예배를 구성하는 요소 같은 것은 어떻게 정해진 것입니까? 교회와 성도들은 이 문제를 오랫동안 고민했습니다. 그러면서 예배가 무엇인지를 규정할 때나 예배 순서를 정할 때 잘못된 기준과 모델을 적용하기도 했습니다.

어떤 이들은 '회당-모임'이 예배의 모체라고 생각합니다. 유대인들이 회당에 모여 하나님 말씀을 듣고 예배하던 것이 우리가 드리는 예배의 출발점이자 기준이라고 생각합니다. 그러나 아닙니다. 기본적으로 회당에 모이던 유대인들은 예수님을 믿는 사람들이 아니었습니다. 예수님을 믿지 않는 사람들의 모임을 우리가 왜 예배의 기준으로 삼아야 합니까?

어떤 이들은 '성전-제사'가 예배의 기준이라고 생각합니다. 성전과 제사는 하나님께서 제정하신 제도이고, 구약 시대에 성전 제사를 통해 하나님을 섬겼기 때문입니다. 하지만 지금 우리는 성전에 가서 제사를 드리지도 않고 이를 통해 죄 사함 받지도 않습니다. 오직 예수 그리스도를 믿음으로 죄 사함을 받습니다. 성전과 제사는 교회와 예배를 희미하게 보여주는 그림자일 수 있지만 예배의 기준이 될 수는 없습니다.

어떤 이들은 '시내산-언약 체결식'을 예배의 기준으로 삼기도 합니다. 출애굽한 히브리인들이 하나님과 언약을 맺고 언약 백성이 되는 장면에서 예배가 시작되었다고 보는 것이지요. 그래서 예배는 언약을 갱신하는 의례이며, 시내산 언약 체결식 순서를 기준 삼아 예배 순서를 정해야 한다고 주장하기도 합니다.

하지만 지금 우리 중 누구도 하나님과 옛 언약을 맺지 않습니다. 예수님은 우리에게 새 언약을 주셨습니다. 또한 새 언약을 주실 때 '시내산-언약 체결식' 순서를 모방하지도 않으셨습니다. 우리는 그리스도의 보혈을 통해 새 언약을 받고 하나님의 자녀가 된 성도입니다. 그런데 왜 시내산과 옛 언약을 기준 삼아 예배를 드려야 합니까?

회당 모임이나 성전 제사 또는 시내산 언약 체결식은 예배의 기준이 결코 아닙니다. 이 모든 제도와 장면은 하나님께서 은혜를 베푸시는 과정에서 이스라엘에게 주신 것이 분명 맞습니다. 하지만 지금 우리가 드리는 예배와는 전혀 다른 제도이고, 그렇기에 예배의 기준이나 모델이 될 수 없으며 되어서도 안 됩니다. 비뚤어진 자를 대고 선을 그으면 비뚤어진 선을 긋게 됩니다. 마찬가지로 예배가 아닌 것들을 기준 삼아 예배에 대해 말하고 예배를 회복하려 하면, 예배가 이상해질 뿐입니다.

성경에는 예배에 대한 자세한 내용이 정말 나오지 않는 것일까요? 예배가 성경에 나오지 않는다면 당장이라도 예배를 그만둬야 하는 게 아닐까요? 그러나 다행스럽게도 성경 마지막 책에 예배 장면이 등장합니다. 아주 분명하고 명확하게.

계시록에 등장하는 세 번의 예배

계시록 1장부터 5장은 예배드리는 장면을 세 번 묘사합니다. 아주 상세하게 말입니다. 어떤 사람은 계시록이 장래에 대한 환상으로 가득 차 있다고 생각합니다. 물론 계시록에는 많은 환상들이 담겨 있습니다. 하지만 환상과 장래에 대한 계시가 나오기 전, 계시록 앞부분인 1-5장에는 세 번에 걸쳐 예배 장면이 나옵니다.

요한은 먼저 ① 밧모섬에서 드려지는 예배를 목격합니다. 그 후 하나님 나라에 올라가서 ② 하나님 나라에서 드려지는 예배를 목격합니다. 마지막으로 역시 하나님 나라에서 ③ 예수 그리스도께 드려지는 예배를 목격합니다.

이 내용은 환상도 아니고 이해하기 어렵지도 않습니다. 계시록은 보통 수준의 사람이면 누구나 이해할 수 있을 만큼 쉽고 명쾌하고 자세하게 예배 장면을 기술합니다.

예배, 최종적이고 가장 완성된 은혜

예배가 계시록에 나오는 것도 의미가 있습니다. 하나님께서 역사 속에서 베푸신 은혜 중 예배가 가장 마지막에 주신 선물임을 보여주기 때문입니다. 하나님은 구약 시대 때 율법, 성전, 제사 제도, 제사장 그리고 수많은 선지자들을 보내셨습니다. 신약 시대에 세례 요한을 보내셨고, 독생자 예수 그리스도를 통해 십자가 고난과 부활의 영광도 베푸셨습니다. 뿐만 아니라 주님이 승천하신 후 교회를 세우시고 성령님을 보내어 성도와 함께하게 하셨습니다.

하나님은 이 모든 은혜를 베풀어 주신 뒤 최종적으로 계시록을 통해 예배가 무엇인지 가르치고 보여주십니다. 예배는 성령 강림보다 더 나중에 주신 선물입니다. 그렇기에 최종적으로 베푸신 계시이며, 가장 완성된 은혜입니다.

우리는 여러 이유로 계시록을 잘 읽지 않습니다. 계시록은 성경 맨 끝에 달랑달랑 폼으로만 붙어 있는 경우가 참 많습니다. 불행하게도 대다수 성도들은 계시록에 예배에 대한 놀라운 진리가 들어 있다는 사실조차 모른 채 십 년, 이십 년 신앙생활을 합니다.

이 책에서는 계시록에 나오는 예배가 어떠한지를 살펴보고, 이를 통해 무엇이 예배인지를 설명하려 합니다. 예배가 무엇인지, 무엇을 예배의 기준과 모델로 삼아야 하는지, 예배 순서는 어떻게 구성해야 하는지, 예배를 통해 누릴 수 있는 은혜가 무엇인지를 살펴보려 합니다.

모쪼록 이 책이 우리에게 좀 더 온전하고 성경적이며 풍성한 예배를 경험하게 하는 작은 걸음이 되면 좋겠습니다.

첫 번째 예배

요한계시록 1:9-20

,

⁰⁹ 나 요한은 너희 형제요 예수의 환난과 나라와 참음에 동참하는 자라 하나님의 말씀과 예수를 증언하였음으로 말미암아 밧모라 하는 섬에 있었더니

¹⁰ 주의 날에 내가 성령에 감동되어 내 뒤에서 나는 나팔 소리 같은 큰 음성을 들으니 ¹¹ 이르되 네가 보는 것을 두루마리에 써서 에베소, 서머나, 버가모, 두아디라, 사데, 빌라델비아, 라오디게아 등 일곱 교회에 보내라 하시기로

¹² 몸을 돌이켜 나에게 말한 음성을 알아 보려고 돌이킬 때에 일곱 금 촛대를 보았는데 ¹³ 촛대 사이에 인자 같은 이가 발에 끌리는 옷을 입고 가슴에 금띠를 띠고 ¹⁴ 그의 머리와 털의 희기가 흰 양털 같고 눈 같으며 그의 눈은 불꽃 같고 ¹⁵ 그의 발은 풀무불에 단련한 빛난 주석 같고 그의 음성은 많은 물 소리와 같으며 ¹⁶ 그의 오른손에 일곱 별이 있고 그의 입에서 좌우에 날선 검이 나오고 그 얼굴은 해가 힘있게 비치는 것 같더라

¹⁷ 내가 볼 때에 그의 발 앞에 엎드러져 죽은 자 같이 되매 그가 오른손을 내게 얹고 이르시되 두려워하지 말라 나는 처음이요 마지막이니 ¹⁸ 곧 살아 있는 자라 내가 전에 죽었었노라 볼지어다 이제 세세토록 살아 있어 사망과 음부의 열쇠를 가졌노니 ¹⁹ 그러므로 네가 본 것과 지금 있는 일과 장차 될 일을 기록하라 ²⁰ 네가 본 것은 내 오른손의 일곱 별의 비밀과 또 일곱 금 촛대라 일곱 별은 일곱 교회의 사자요 일곱 촛대는 일곱 교회니라

밧모섬, 첫 번째 예배가 시작되다

장면1: 예배 시작 상황

예배가 시작되는 조건

계시록 1-5장에는 세 번에 걸친 예배 장면이 찬란한 보석처럼 들어 있습니다. 게다가 각각의 예배를 상세하게 묘사하고 있습니다. 이 예배들은 비슷한 방식으로 전개됩니다. 처음에는 예배 시작 상황(장면1)이 나옵니다. 그 후에 예배받으시는 분(장면2)에 대한 내용이 나오는데, 예배받으시는 분이 누구시며 어떤 은혜를 베푸시는지가 기술됩니다. 마지막으로 예배자들(장면3)이 어떻게 예배를 드리는지가 나옵니다. 모든 예배는 ① 예배 시작 상황, ② 예배받으시는 분, ③ 예배자들에 관한 내용이 매번 같은 순서를 따라 전개됩니다.

이제 계시록에 첫 번째로 등장하는 예배를 살펴봅시다. 우선 예배가 어떤 상황에서 시작되는지 보겠습니다.

성도 요한

계시록을 기록하면서 요한은 자신에 대해 아무 소개도 하지 않습니다. 자신이 유대인인지 이방인인지, 사도인지 집사인지, 학식과 사회적 신분이 어떠한지, 자신의 혈통, 직분, 계급 등에 대해 함구합니다.

요한은 계시록을 받는 교회들에게 자신을 "너희 형제"이며 "예수의 환난과 나라와 참음에 동참하는 자"라고만 설명합니다. 그래서 우리는 그가 예수님을 믿는 성도라는 사실 하나만을 확실하게 알 수 있습니다. 그는 고난을 회피하지 않는 신실한 성도였던 것 같습니다.

요한에 대한 정보는 이것 한 가지뿐이지만, 이는 예배를 이해하는 중요한 정보입니다. 예배는 '성도'가 드리는 것이라는 사실을 알려주기 때문입니다. 예배에서는 예배드리는 사람의 혈통, 교회 직분, 사회적 신분, 학식의 높고 낮음, 기타 다른 어떤 요소도 중요하지 않습니다. 그 사람이 예수님을 믿는 성도인지 아닌지 그것만이 중요합니다. 예배는 예수님을 믿는 성도가 드리는 것이기 때문입니다.

주의 날

요한에 대한 정보에 비해, 첫 번째 예배가 드려지는 시간과 장소는 분명합니다. 시간은 어느 "주의 날"이었습니다. 이날은 우리가 흔히 주일(主日)이라고 말하는 일요일이자 "안식 후 첫날"이라고 표현되는 날이며, 예수님께서 부활하신 날입니다. 참고로, 실제로는 월화수목금토일 모든 날이 '주의 날'이기에 일요일 하루만 '주일'이라고 부르는 것은 그다지 좋은 방식은 아닙니다.

요한이 살던 당시 초대교회 성도들이 주의 날을 예배드리는 특별한 날로 정하고 정기적으로 예배 모임을 가졌는지는 알 수 없습니다. 그러나 이 날이 유대인들이 회당에 모이던 안식일(토요일)이 아니었다는 점만은 분명합니다. 적어도 "주의 날"이라는 시간 배경은, 예배가 유대교의 모든 의례와 매우 다르다는 점을 확실하게 보여줍니다. 날짜 하나만 보더라도 예배는 회당 모임이나 성전 제사와 전혀 다릅니다.

밧모섬

첫 번째 예배가 드려지는 장소는 밧모섬입니다. 이 역시 의미심장합니다. 이곳은 회당도 아니고, 성전도 아니고, 시내산은 더더욱 아니기 때문입니다. 밧모섬은 이방 땅 소아시아 에게해에 위치한 작은 섬입니다. 하지만 예수님께서 친히 이곳으로 찾아와 임재하십니다. 이곳에서 하늘이 열리고 요한은 이를 목격합니다. 그렇기에 밧모섬은 회당이나 성전 혹은 시내산과는 비교할 수 없이 특별하고 거룩한 장소입니다.

흔히 시내산을 거룩한 산이라고 부릅니다. 시내산이 다이아몬드로 이루어져서가 아닙니다. 볼품없는 돌산에 불과하지만 하나님께서 임재하셨기에 '거룩한 산'이라고 부릅니다. 마찬가지입니다. 지금 영광스러운 예수 그리스도께서 밧모섬에 임재하십니다. 그러므로 밧모섬 역시 돌산이든 화산산이든 상관없이 '거룩한 섬'이라고 불러야 합니다. 밧모섬은 문자 그대로 '거룩한 성전'이 되었으니까요.

계시록의 첫 번째 예배만이 아니라 모든 예배는 이처럼 예수님께서 임재하시는 곳에서 드립니다. 꼭 예루살렘이거나 성전이라는 특정 건물이어야 하는 것이 아닙니다.

성령의 감동하심

성도 요한이 주일에 밧모섬에 있을 때 첫 번째 예배가 시작되지만, 그것 때문에 예배가 시작된 것은 아닙니다. 한 가지 조건이 더 필요했습니다. 예배를 시작케 하는 물리적 환경보다 더 중요한 것은 예배드리는 자의 영적(spiritual) 변화입니다.

성도 요한이 어느 주일 날 밧모섬에서 무엇을 하고 있었는지는 확실치 않습니다. 하지만 그는 "성령에 감동"되었고, 등 뒤에서 들려오는 나팔 소리 같은 큰 음성을 들었습니다(1:10). 바로 이것이 요한이 영적 변화를 누리며 예배가 시작되는 결정적 장면입니다. 요한은 "성령에 감동"되었습니다. 그러면서 그는 예배드리는 자리로 나아가기 시작했습니다.

영적 변화가 예배 중 어느 순서에 자리 잡고 있는가도 매우 중요합니다. 요한은 예배를 다 마친 결과로 성령에 감동된 것이 아닙니다. 정반대입니다. 그는 성령에 감동되면서 예배드리는 자리로 나아가고 주님의 음성을 듣습니다. 예배는 이처럼 "성령의 감동"에서 시작합니다. 이 순서를 뒤집어 생각해서는 안 됩니다.

이처럼 예배는 시작 자체가 하나님의 은혜입니다. 우리가 말씀을 읽다가 예배로 인도받는 것이 아니고, 헌금을 하다가 은혜의 자리로 부름받는 것도 아닙니다. 순전한 마음과 행동이라 하더라도, 우리가 행하는 무언가로 인해 우리가 예배드리는 자리로 나아가게 되는 것이 아닙니다. 오직 성령님께서 감동케 하실 때 비로소 우리는 예배자가 될 수 있습니다. 이는 돈으로 살 수 없고, 열심과 노력으로도 얻을 수 없으며, 오직 하나님의 은혜로만 누릴 수 있습니다.

예배가 시작되는 상황(장면1)을 정리해 봅시다.

계시록에 등장하는 첫 번째 예배는 ① 모세의 전통을 따르는 혈통상 유대인이 아니라 예수님을 믿는 성도가 ② 안식일이 아닌 주의 날에(어느 날이든 상관없습니다) ③ 회당도 아니고 성전도 아니고 시내산도 아닌 '주님께서 찾아오시고 임재하신 곳'에서 시작됩니다. 예배자가 희생 제물을 끌고 오면서 시작된 게 아니라 오직 ④ 성령에 감동되면서 시작됩니다.

이 모든 내용에서 예수 그리스도가 중심이십니다. 다시 설명하자면, 예수님께서 구원하여 성도가 되었고 주님을 위해 고난을 마다하지 않는 사람이, 주님께서 부활하신 날에, 주님께서 임재하시는 거룩한 곳에서, 주님께서 보내신 성령님께 감동케 되는 은혜를 누리면서 예배가 시작됩니다.

그러므로 예배가 무엇인지를 알고자 할 때, 예배 기준을 찾고자 할 때, 무엇보다 우리 자신이 예배드리고자 할 때, 이런 '예배가 시작되는 조건'에 속하지 않는 것들은 과감하게 한편으로 치워야 합니다. 예배를 시작할 때 우리는 오직 예수 그리스도와 성령의 감동케 하심에 집중해야 합니다. 주님께서 선포하신 대로, 예배는 주님을 믿는 성도가 영과 진리로 하나님 앞에 드리는 것이기 때문입니다.

예수 그리스도, 밧모섬에 임재하시다

장면 2: 예배받으시는 분

예배받으시는 분, 예수 그리스도

'밧모섬-예배'에 대한 첫발을 떼었으니, 그 예배가 실제로 어떻게 진행되었는지 살펴봅시다.

요한은 성령에 감동된 뒤, 등 뒤에서 들려오는 나팔 소리 같은 큰 음성을 듣습니다(1:10). 밧모섬으로 찾아와 그에게 말씀하시는 예수님의 음성입니다.

요한은 등 뒤에서 자기에게 말씀하시는 큰 음성의 주인공을 보기 위해 몸을 돌립니다. 그곳에는 예수 그리스도께서 찬란하고 영광스러운 모습으로 임재해 계십니다. 요한을 성령으로 감동케 하신 분, 밧모섬에 친히 임재하신 분, 나팔 같은 큰 음성으로 요한에게 친히 말씀하신 분, 그분은 바로 예수 그리스도십니다. 바로 그가 예배받으시는 분입니다. 이것이 계시록에 등장하는 첫 예배 '밧모섬-예배'의 장면2입니다.

주님의 옷과 몸

요한은 밧모섬에 임재하신 예수님의 외양을 아주 세밀하게 묘사합니다. 이 묘사는 그저 낯간지러운 미사여구가 아닙니다. 예수님이 어떤 분이신지를 명확하게 보여준다는 면에서 매우 중요한 내용입니다.

예수님은 일곱 금 촛대 사이에 서 계셨습니다. 먼저 요한은 자기 눈에 보이는 예수님의 옷을 자세히 묘사합니다. 주님은 발에 끌리는 옷을 입으시고, 가슴에는 금띠를 두르고 계십니다.

그 다음 요한은 주님의 몸을 묘사합니다. 예수님의 머리카락과 털은 흰 양털과 눈 같고, 눈은 불꽃 같으며, 얼굴은 해가 힘있게 비치는 것 같습니다. 밧모섬에 임재하신 예수님의 얼굴은 태양보다 찬란하게 빛나고 있습니다. 요한의 눈에 비친 주님의 오른손에는 일곱 별이 들려 있고(즉 별이 빛나고), 주님의 발은 풀무불에 단련한 주석처럼 빛나고 있습니다.

한마디로 요한이 목격한 예수님의 모습은 눈을 뜰 수 없을 만큼 찬란한 빛으로 가득합니다. 태양빛 같은 얼굴, 불꽃 같은 눈빛, 별빛 같은 손, 빛난 주석 같은 발… 주님의 몸은 구석구석 빠짐없이 빛으로 찬란하고, 고개를 들어 쳐다볼 수 없을 만큼 영광스럽습니다. 하다못해 일곱 금 촛대마저 금빛과 불빛으로 빛나고 있습니다.

주님의 모습은 그나마 문자로는 간신히 묘사할 수 있어도, 그림으로는 결코 표현하지 못할 수준입니다. 도대체 어떻게 '태양빛 같고, 불꽃 같고, 별빛 같고, 빛난 주석 같은' 모습을 그린단 말입니까? 무슨 색으로 그 빛을 적절하게 표현할 수 있단 말입니까?

참고로, 요한복음 1장은 예수님을 '빛'이라고 선포합니다. 빛이신 주님께서 어두운 이 세상에 오셨다고 선포합니다. 지금 계시록 1장도 예수님을 온통 빛으로 묘사합니다. 어쩌면 요한복음과 계시록을 쓴 요한은 동일인인지도 모르겠습니다.

주님의 임재하심으로 영광이 가득하다

밧모섬은 주님이 임재하시는 예배당으로 변모해 있습니다. 저는 신혼여행을 그리스로 갔는데, 그때 본 에게해의 깊고 푸른 바다를 잊지 못합니다. 그것은 말로 형언할 수 없을 만큼 아름다웠습니다.

그런데 요한은 예수님의 임재하심으로 인해 예배당으로 변모한 밧모섬의 아름다움에 대해선 단 한 글자도 적지 않습니다. 찬란한 주님의 영광에 비하면 에게해의 아름다움은 아무 것도 아니고, 많은 물소리 같은 주님의 음성에 비하면 에게해의 파도소리는 잡음에 불과하기 때문입니다.

예수님께서 밧모섬에 임재하신 때, 요한은 온몸과 마음으로 오로지 예수님의 영광을 보고, 듣고, 느끼느라 그밖의 하늘과 땅과 바다 어느 것에도 관심이 없습니다. 대리석으로 세운 고고한 예배당이든, 에게해의 짙푸른 바다 예배당이든, 요한의 시선은 온통 예수 그리스도께만 쏠려 있었습니다. '밧모섬-예배'는 주님의 임재하심으로 말미암은 영광이 가득해 요한이 다른 아무것도 인식하지 못하는 상황에서 시작됩니다.

처음 목격하는 주님의 모습

밧모섬에 임재하신 예수 그리스도의 모습에는 중요한 특징이 있습니다. 주님은 제자들에게 여러 모습으로 자신을 보이고 계시하셨지만, 지금처럼 영광스러운 장면은 처음입니다.

밧모섬의 요한이 사도 요한이라고 가정해봅시다.

사도 요한은 주님의 공생애 내내 동고동락하며 그분의 민낯을 보았으며, 주님께서 십자가에 달리신 모습을 목격한 유일한 제자입니다. 뿐만 아니라 부활하신 주님을 여러 차례 만났고, 승천하시는 주님도 두 눈으로 목격한 사람입니다.

지상에 존재했던 모든 사람 중에 누가 사도 요한보다 예수님을 더 잘 알고 더 많이 보고 더 잘 식별할 수 있을까요? 그는 주님을 경험하고 아는 데 있어서만큼은 지상 그 누구와도 견줄 수 없는 사람입니다. 그는 예수님을 가장 잘 아는 사람입니다.

하지만 그런 요한조차 이번처럼 영광스러운 주님 모습은 본 적이 없습니다. 온통 빛으로 찬란한 주님 모습은 요한조차 처음 목격합니다. 지금 요한은 공생애 기간 동안 알고 지내던 주님이 아니라, 십자가에 달리신 주님이 아니라, 부활하신 주님이 아니라, 승천하시던 주님이 아니라, 상상도 못했던 전혀 다른 모습인 주님을 만나고 있습니다.

하나님 보좌 우편에 앉으신 분

그렇다면 이처럼 영광스러운 예수 그리스도는 누구십니까? 밧모섬에 임재하신 예수님은, 승천하여 하나님 보좌 우편에 영광 가운데 좌정하신 주님입니다. 하나님 나라에서 이미 하나님과 동일한 영광을 받고 계신 주님입니다.

예수님은 성육신 이전에 본디 하나님과 함께 계셨습니다. 그러므로 주님께서 원래의 찬란하고 영광스러운 모습을 되찾으시는 것은, 부활하거나 승천하셨을 때가 아닙니다. 하나님 나라로 돌아가 하나님 보좌 우편에 앉으셨을 때입니다. 그리고 원래의 찬란하고 영광스러운 모습을 온전히 회복하신 예수 그리스도께서 그 모습 그대로 밧모섬으로 찾아와 지금 임재하십니다. 그가 바로 예배받으시는 분입니다.

천국에서 우리는

천국에 가면 우리가 몇 살 때 모습일지 궁금했던 적이 있나요? 파릇파릇한 소년의 모습일까요, 혈기왕성한 청년의 모습일까요, 아니면 노년이나 죽을 때의 모습일까요?

요한은 지금 이 질문에 대한 정답을 보고 있습니다. 예수님은 갈릴리에서의 모습도 아니고, 십자가에 달리셨을 때의 모습도 아니고, 심지어 부활하신 이후의 모습도 아닙니다. 부활하며 변화하신 주님은, 승천하여 하나님 나라에 가신 뒤 지극히 영광스러운 모습으로 온전하게 변화하셨습니다. 하나님 보좌 우편에 앉으시고 완전히 영광스러운 모습을 되찾으셨습니다.

우리도 주님을 따라 그렇게 될 것입니다. 하나님 나라에 들어가면 우리는 십 대의 모습도, 사십 대의 모습도 아니고, 가장 완전하고 아름다운 모습으로 변화할 것입니다. 지상에서 우리가 알던 모습이 아니라 하나님께서 새롭게 창조하신 찬란하고 영광스러운 모습으로 변화할 것입니다. 주님을 닮은 모습으로 영광스럽게 부활할 것입니다.

예수님에 대한 완성된 계시

다시 말하지만, 요한이 밧모섬 이전까지 알고 있던 예수님은 과정 속의 모습이었습니다. 공생애도, 십자가 고난도, 부활의 영광도, 심지어 승천조차도 하나님 보좌 우편에 다시 앉으시기까지의 과정일 뿐입니다. 그러나 이제 주님은 더 이상 변모

할 것이 없는 모습, 더 이상 영광스러워질 것이 남아 있지 않은 모습, 완전하고 종결된 모습이 되셨습니다. 영원하고 영광스러운 주님으로 되돌아오셨습니다.

이를 다른 방식으로 표현하자면, 예수님이 누구신지에 대한 계시가 바로 여기에서 완전히 종결되었습니다. 이제는 우리가 알아야 할 주님 모습이 더 이상 남아 있지 않습니다. 더 이상은 주님께서 변모하시지 않기 때문입니다. 지금 요한은 예수 그리스도에 대한 완성된 계시를 받아 누리고 있습니다. 주님의 완전한 모습을 보고 있는 것입니다.

이처럼 찬란하고 영광스러운 예수님, 하나님 보좌 우편에 앉으신 예수님께서 예배받으시는 분으로 임재하여 계십니다. 우리 역시 바로 이 예수 그리스도께 예배드립니다. 우리는 십자가에 달리신 주님을 사랑하고, 부활하신 주님을 기뻐하고, 승천하신 주님을 놀라워합니다. 주님은 갓난아이일 때도, 청소년일 때도, 공생애 사역을 하실 때도, 항상 주님이십니다.

하지만 우리가 예배드리는 예수 그리스도는 지상에 계시던 주님이 아닙니다. 우리는 승천하여 하나님 보좌 우편에 앉으신 찬란하고 영광스러운 예수 그리스도께 예배드립니다.

요한, 주님 발 앞에 엎드러지다

장면3: 예배자

예배받으시는 분의 임재만으로는 예배가 이루어지지 않습니다. '밧모섬-예배'는 예배자의 등장으로 비로소 온전한 예배의 요소가 채워집니다.

찬란하고 영광스러운 주님의 모습을 보면서 요한은 그 자리에 엎드러집니다. 마치 죽은 사람처럼 꼼짝없이 엎드러져 있습니다.

엎드려 절하는 것을 흔히 '경배'(敬拜)라고 표현합니다. 동서고금을 막론하고 엎드려 절할 때는 온몸을 땅에 바싹 붙이고 최대한 몸을 낮춥니다. 자신을 낮추고 상대를 최대한 높이기 위해서입니다. 요한은 절을 한 것은 아니지만 지금 주님 앞에 엎드러져 있습니다. 이것이 예배자 요한이 취한 행동입니다.

예배를 드린다는 것은 기본적으로 이처럼 예배받으시는 분 앞에 엎드리는 것을 뜻합니다.

주님께 여태껏 하지 않았던 행동

주님 발 앞에 엎드린 요한의 행동은 중요한 의미를 갖습니다. 여태껏 요한은 주님께 한 번도 이런 행동을 취한 적이 없습니다. 요한뿐 아니라 다른 제자들도 주님 발 앞에 엎드린 적이 단 한 번도 없습니다. 당연히 우리도 성경에서 처음 보는 장면입니다.

한번 찾아봅시다. 성도들과 사도들이 주님께 엎드려 경배한 적이 있습니까? 예수님의 공생애 기간 동안 제자들은 그분을 어떻게 대했습니까? 주님께서 십자가를 지셨을 때, 부활하신 주님을 만났을 때, 제자들은 주님께 어떻게 행동했습니까? 또한 예수님께서 승천하실 때, 제자들은 어떻게 반응했습니까? 특별하게 떠오르는 장면이 없을 것입니다. 제자들이 예수님께 엎드려 경배하기는커녕 경건한 자세로 행동했다는 기록조차 찾아보기 힘듭니다.

성도들과 제자들은 주님에 대한 믿음이 있었지만, 그를 예배받으시는 분으로 인식하지 않았고, 그분의 발 앞에 엎드리지도 않았습니다. 그들은 주님 앞에서 꼿꼿했습니다(마태복음 28장 17절에 주님께 경배했다는 표현이 한 번 나오기는 합니다).

마지막 만찬을 나누며 주님께서 자신의 살과 피를 주노라고 선포하실 때도, 제자들은 주님 앞에 비스듬히 기대앉아 있었을 뿐, 엎드려 경배하거나 몸을 낮추어 잔과 떡을 받아먹지 않았습니다.

우리는 확실하게 말할 수 있습니다. 주님께서 지상에서 사역하시는 동안, 성도들과 제자들은 지금 밧모섬의 요한처럼 주님께 엎드린 적이 (거의) 단 한 번도 없습니다.

누가 주님 앞에 엎드렸는가?

이참에 누가 주님께 엎드려 경배했는지 찾아보면, 동방 박사들이 아기 예수를 찾아와 예물을 드리며 엎드려 경배했던 일이 유일무이합니다(마 2:11). 하지만 이들도 주님을 예배받으시는 분으로 인식하고 그렇게 한 것은 아닌 듯합니다. 단지 존경을 표하기 위한 행동으로 보는 것이 타당합니다.

나머지는 병 고침을 받고자 하는 간절함으로 주님께 엎드린 경우입니다. 귀신 들린 아들을 둔 아버지가 예수님을 찾아왔을 때(마 17장), 나병 환자가 예수님을 찾아와 고쳐 달라고 간구할 때(막 1장), 혈루병을 앓는 여자가 주님의 옷자락을 만지고 고침 받은 뒤 상황을 고백할 때(막 5장), 그리고 야이로가 죽어가는 딸을 위해 자기 집에 오시길 간청할 때(눅 8장) 주님 앞에 엎드렸습니다. 하지만 이들은 주님을 예배받으시는 분으로 고백하거나 예배드리려고 엎드린 것이 아닙니다.

제자가 주님께 처음 취하는 행동

그래서 요한이 주님 발 앞에 엎드린 행동은 매우 중요합니다. 주님을 아주 잘 알고 깊이 사랑하며, 심지어 주님을 위해 고난당하며 삶을 바친 요한조차 여태껏 주님께 단 한 번도 하지 않은 행동이기 때문입니다.

예수님은 예배받으시는 분으로는 처음으로 그 영광스러운 모습을 밧모섬에서 보여주시고, 예배자 요한 역시 처음으로 엎드립니다. 예수님께 예배드리는 장면 역시 처음으로 등장합니다. 지금 밧모섬에서는 모든 것이 처음인 낯선 장면이 펼쳐지고 있습니다.

엎드리다(능동) vs 엎드러지다(수동)

그런데 요한이 엎드린 것은 예수님께 예배드리기 위한 행동일까요? 주님께 절하며 경배드리려는 의도일까요? 아쉽지만 그렇다고 말하기는 어렵습니다.

우리말 성경은 요한이 취한 행동을 "엎드러져"라고 번역합니다("그의 발 앞에 엎드러져 죽은 자같이 되매", 1:17). 적극적이고 자발적이기보다는 수동적인 어감이 강한 표현입니다. 사실 헬라어 성경에서는 능동태 동사(ἔπεσα, 에페사)를 사용하기 때문에, 문자적으로는 요한이 스스로 엎드렸다고 보는 것이 타당합니다. 하지만 이 동사는 기본적으로 '엎드러지다'라는 수동적인 의미를 갖습니다. 그래서 무조건 능동태로 번역하는 것도 적절치 않아 보입니다.

정리하면, 이 단어는 묘하게도 표현은 능동이지만 의미는 수동이어서 능동과 수동 사이에서 애매하게 양다리를 걸치고 있습니다. 쉽게 말해, 요한은 분명 엎드러지기는 했으나 주님을 경배하고자 의지적으로 엎드린 것은 아니고, 그렇다고 억지로 떠밀려 엎드러진 것도 아닌, 엉거주춤한 자세를 취하고 있습니다.

본능적 반응만은 아닌, 온전한 예배도 아닌

또한 요한이 절한 것도 아니라는 점을 주목해야 합니다. '엎드리다'라는 단어와 '절하다'라는 단어는, 헬라어에서 전혀 다른 별개의 단어입니다. 일반적으로 두 단어를 합쳐 엎드려 절(경배)하다'라는 표현을 쓰곤 합니다. 하지만 '엎드리다'라는 단어 하나만 사용할 때에는, 단순히 넘어지거나 두려워 부들부들 떠는 모습을 가리키는 경우도 많습니다.

학식이 높든 낮든, 권력이 크든 작든 우리 모두는 피조물에 불과합니다. 아무리 간이 크고 담력이 세더라도 하나님의 영광 앞에 서면 피조물 본연의 본능으로 인해 엎드러질 수밖에 없습니다.

루돌프 오토는 이런 경험을 누미노제(numinose)라고 규정합니다. 누미노제란 인간이 초월적인 거룩한 존재 앞에 있을 때, 큰 충격을 받아 자신이 피조물임을 존재론적으로 통감하는 것을 의미합니다.

밧모섬의 요한도 종교적으로는 이런 누미노제를 경험했다고 볼 수 있습니다. 하지만 요한이 단순히 종교적 충격을 받아 엎드러졌다고 평가절하할 수는 없습니다. 사도 바울이 다메섹 도상에서 영광스러운 빛으로 임재하신 주님을 목격하고 땅바닥에 엎드러진 것과 비슷하게(행 9:4), 요한도 본능적으로 몸이 엎드러졌을 뿐만 아니라 동시에 자신이 예수님께 어떤 행동을 취해야 하는지를 알았기 때문입니다.

"엎드러져"라는 단어가 갖고 있는 양면성처럼, 요한의 행동은 단순한 종교적 충격과 온전한 예배 행동 둘 사이에 걸쳐 있습니다. 그래서 그의 엎드러짐을 순수하게 주님께 예배드리려는 모습으로 보기는 어렵습니다. 그럼에도 지금 요한은 예수님께 이전과는 다른 모습으로 반응하고 있습니다.

아직 교회에서 익숙하지 못한 예배

한 가지를 더 생각해 봅시다. 만약 요한이 엎드러진 것이 얼떨결의 반응이라면, 우리는 한 가지를 더 추측해 볼 수 있습니다. 요한 당시의 교회, 즉 초대교회가 '영광스러운' 주님께 적절하게 반응하는 것이 체질화되어 있지 않았을 가능성이 높다는 점입니다. 밧모섬의 요한만이 아니라 다른 사도나 성도가 지금 이 상황을 만났다 하더라도, 그들 역시 요한과 비슷하게 반응했을 가능성이 높습니다.

직설적으로 말하면, 초대교회는 예수 그리스도가 하나님

보좌 우편에 앉으신 영광스러운 하나님이심을 믿지만, 이 진리가 무슨 의미인지 구체적이고 확실하게 인식하지 못했을 가능성이 높습니다. 그렇기에 예수 그리스도께 '엎드려 경배하며' 예배를 드리는 신앙생활 역시 아직 체계적으로 확고히 자리 잡지 못했을 가능성이 높습니다. 주님께 어떻게 반응하고 행동해야 하는지 지식으로나 예전으로나 확고히 자리 잡지 못했을 가능성이 상당히 높은 것이지요.

밧모섬의 요한은 주님을 위해 환난과 나라와 참음에 동참하는 성도이면서도, 아직 예배가 무엇인지 온전히 알지 못하고, 그렇기에 온전한 예배를 드리지 못하는 여전히 부족한 성도입니다. 이런 연약한 모습은 초대교회 역시 마찬가지였을 것입니다.

'밧모섬-예배'는 아직 온전하지 못하다

계시록 1장은 하나님 보좌 우편에 앉으신 영광스러운 예수 그리스도께서 임재하시고, 요한이 그 앞에 엎드러지는 사건을 기록합니다. 이것이 예배입니다. 하지만 온전한 예배는 아닙니다. 예수님은 완전한 모습으로 임재하시지만, 요한은 그에 합당한 반응을 보이지 못하기 때문입니다. 즉 '완전한 예수 그리스도 앞에서 요한의 불완전한 행동'이 전개되는 것입니다. 신랑은 턱시도를 입고 나왔는데 신부는 캐주얼을 입고 나온 모습이라고나 할까요?

초대교회 역시 요한과 비슷한 수준이었을 것입니다. 베드로가 "주는 그리스도십니다"라고 이전과 다른 놀라운 고백을 했음에도 여전히 십자가를 제대로 알지 못했습니다. 마찬가지로 지금 밧모섬에서 펼쳐지는 예배 역시 요한이 이전과 다른 은혜를 누리고 이전과 다르게 주님께 행동하고 있지만, 아직 온전히 드려지는 예배는 아닙니다. 계시록 1장은, 분명 예배이기는 하지만 온전하지 못한 예배 장면을 보여주고 있습니다.

요한의 반응이 예배로서 온전하지 못하다는 사실은 이제 금방 드러나게 됩니다. 이제 곧 요한은 하나님 나라에 올라가 그곳에서 드려지는 온전한 예배를 두 눈으로 목격하기 때문입니다. 출애굽기에서 모세는 호렙산 가시떨기 앞에 나아왔지만 무얼 어떻게 해야 하는지 몰라 어정쩡하게 서 있었습니다. 하나님은 그런 모세에게 "네 신을 벗으라"고 말씀하시며 무얼 어떻게 해야 할지 가르쳐 주셨습니다. 마찬가지입니다. 주님은 얼떨결에 엎드린 요한을 하나님 나라로 데리고 가십니다. 그리고 그곳에서 드려지는 온전한 예배를 직접 보여주시며 우리가 어떻게 예배를 드려야 하는지, 요한의 행동과 태도가 어떤 점에서 온전하지 못한지를 가르쳐 주십니다. 이 점에 대해서는 다음 장에서 자세히 살펴보겠습니다.

예배란 무엇인가?

처음부터 하나님의 아들이신 예수 그리스도

계시록의 첫 번째 예배와 그 특징을 살펴보면서 이제 예배가 과연 무엇인지 정리할 수 있는 기초가 만들어졌습니다.

우선 우리가 기본적으로 알고 있는 내용을 정리해 봅시다. 예수 그리스도는 누구신가요? 그분은 본디 하나님의 아들이십니다. 육신을 입고 베들레헴에서 태어나던 순간에도, 나사렛에서 목수 일을 할 때에도 하나님의 아들이십니다. 예수님은 우리와 똑같은 인간에 불과한데 유명세를 타면서 어느 날 자신이 하나님의 아들이 아닐까 스스로 착각에 빠진 것이 아닙니다. 주님은 하나님의 아들로 '만들어진' 것이 아닙니다. 하나님의 아들이 '된' 것도 아닙니다. 예수님은 영원 전부터 하나님의 아들이시며, 지상에 계실 때뿐 아니라 승천하신 후에도 여전히 하나님의 아들로 계십니다.

또한 주님은 처음부터 십자가의 고난을 감당하려고 이 땅에 오셨습니다. 물론 공생애를 시작하기 이전부터 이미 부활과 승천도 계획하셨습니다. 예수님은 어쩌다 일이 꼬이고 인생에 실패한 낙오자가 되어 십자가에 달리신 것이 아닙니다.

주님이 점층적으로 알려주시는 계시

그러나 주님은 자신이 하나님의 아들이라는 것을 처음부터 백 퍼센트 완전히 드러내시지 않습니다. 예수님이 하나님의 아들이심은 분명한 사실(fact)이지만, 상당 부분 그리고 상당 기간 '감추어져' 있습니다.

구약의 선지자들도 예수님이 누구신지 명확하게 백 퍼센트 이해하고 예언한 것은 아닙니다. 이사야, 예레미야, 에스겔, 다니엘 같은 선지자들은 메시아가 오실 것을 예언하지만, 그분이 하나님의 아들이라고 선포하지는 못합니다. 구약은 메시아가 고난 당하실 것이라고만 예언할 뿐, 십자가에 달려 돌아가신 후 사흘 만에 부활, 승천하실 것이라고는 선포하지 못합니다. 이들 역시 예수 그리스도에 대해 '완전한 계시'를 받지는 못한 것입니다.

주님은 공생애를 시작하신 이후에도, 제자들을 부르신 이후에도, 자신이 십자가를 감당하고 부활할 것임을 완전히 알려주시지 않습니다. 시간이 흘러 공생애 사역이 반환점을 돌고 난 후에 비로소 십자가 고난과 부활의 영광을 조금씩 말씀하시기 시작합니다. 주님이 누구신지, 무얼 행하실지, 베푸실 은혜가 무엇인지도 차츰차츰 계시하십니다.

제자들에게 요구되는 점층적 믿음

그렇기에 제자들에게 요구되는 믿음, 예수님에 대한 제자들의 반응과 행동도 점층적일 수밖에 없습니다. 제자들은 주님을 좇기 시작한 순간부터 백 퍼센트 완벽한 믿음을 요구받은 것이 아닙니다. 현실적으로 그럴 수도 없었지요. 열두 사도들이 주님을 처음 만나고 따를 때에는 십자가의 시옷자도 생각지 못했으니까요. 그러니 어떻게 처음부터 십자가 고난과 부활, 하나님 나라와 영생에 대한 완벽한 믿음을 가질 수 있겠습니까?

말씀과 사역을 통해 자신이 누구이며 어떤 일을 행할지 대략 삼십 퍼센트쯤 드러내셨을 때, 주님은 제자들에게도 그 정도에 해당하는 믿음을 요구하십니다. 전체 사역과 계시의 오십 퍼센트쯤 드러내셨을 때에도 역시 그 정도의 믿음을 요구하십니다.

물론 삼십 퍼센트든 오십 퍼센트든 제자들 입장에서는 새롭게 높은 수준의 믿음을 요구받는 것이기에 상당히 벅찼습니다. 어쩌면 불가능한 요구라 느껴졌을 것입니다. 여하튼 주님은 제자들에게 점층적 믿음을 요구하십니다. 자신을 드러내신 정도에 합당한 믿음, 제자들이 주님을 알고 경험한 수준에 적절한 믿음을 요구하십니다.

주님의 자기 계시 & 그에 합당한 믿음

예수님께서 자기를 따르는 무리 중 열둘을 제자로 삼으면서 "나를 따라오너라"(follow me)라고 부르실 때, 그들에게 요구되는 믿음은 '주님을 따르는 것'이었습니다. 주님께서 병자들을 고치고 귀신을 쫓아내는 사역을 주로 하실 때, 제자들과 사람들에게는 예수님께서 무슨 문제든 해결하신다는 믿음이 필요했습니다. 그러므로 질병이나 자녀 문제 혹은 그밖의 고민들을 예수님께 가지고 나오는 것이 훌륭한 믿음이었습니다.

주님께서 십자가 고난과 부활에 대해 말씀하실 때, 제자들에게는 자기를 부인하고 자기 십자가를 지고 주님을 좇는 믿음이 필요했습니다. (주님의 자기 계시를 통해) 주님이 누구신지가 점차 드러날수록, 마찬가지로 이전과는 내용과 수준이 다른 믿음이 점차 요구된 것입니다.

백부장이 중풍병 걸린 하인을 고쳐 달라고 주님을 찾아온 일이 있습니다. 백부장은 주님께 "저희 집에 들어오심을 감당하기 어렵습니다. 그저 말씀만 하시면 제 하인이 고침을 받을 수 있습니다"라는 유명한 고백을 하고, 예수님은 "이스라엘 중 아무에게서도 이만한 믿음을 보지 못했다"고 칭찬하십니다. 하지만 백부장은 십자가와 부활, 하나님 나라와 영생을 믿어서 이렇게 고백한 것이 아닙니다. 그는 십자가에 대해 눈곱만큼도 몰랐습니다. 주님께서 아직 아무에게도 십자가에 대해 말씀하시지 않은 상황이니까요.

베드로는 주님을 그리스도라고 고백하여 칭찬을 받지만, 십자가 고난을 말씀하시는 주님을 붙들고는 그러시면 안 된다고 말리다가 사탄이라는 저주에 가까운 소리를 듣습니다. 베드로는 예수님이 병자를 고치시는 능력의 주님임을 백 퍼센트 믿었을지는 모르지만, 자기를 부인하며 자기 십자가를 지고 주님을 좇는 한 단계 높은 믿음이 요구되는 상황에서는 믿음 없는 모습을 보여 주님께 책망을 들어야 했습니다.

이처럼 예수님께서 자신이 누구이며 어떤 일을 행할지 점층적으로 계시하실 때, 제자들은 그에 합당한 믿음을 가져야 합니다. 합당한 반응과 행동이 필요합니다.

예수 그리스도의 최종적인 자기 계시

밧모섬으로 돌아갑시다. 그곳에서 어떤 일이 벌어지고 있습니까? 예수 그리스도는 자신이 누구인지, 어떤 은혜를 베푸는지 보여주십니다. 십자가 사건에서 보지 못했고, 부활과 승천 때도 볼 수 없었던, 하나님 보좌 우편에 앉으신 영광스러운 모습을 밧모섬에서 계시하십니다.

예수님은 '최종적이고 완성된 자기 계시'를 베풀고 계십니다. 이제는 예수님이 누구신지 단 일 퍼센트도 숨김없이 완전하게 드러나고 있습니다. 뿐만 아니라 계시록은 주님께서 장래에 어떤 일을 행하실지에 대해서도 숨김없이 선포합니다. 즉, 밧모섬에서는 주님이 누구시며 무엇을 행하실지 최종적인 계시가 선포되고 있습니다.

영광스러운 주님에 대한 마땅한 반응

예전과 전혀 다른 영광스러운 모습으로 계시된 예수님께 제자들은 어떻게 반응해야 할까요? 어떤 믿음을 가져야 합니까?

주님을 좇는 것으로는 부족합니다. 자기를 부인하고 자기 십자가를 감당하는 믿음도 훌륭하지만, 지금은 그것도 부족합니다. 십자가와 부활에 대한 믿음을 고백을 하는 것도 온전하지 않습니다. 지금 밧모섬에서 예수님은 여태껏 제자들에게 요구된 것과는 전혀 다른 차원의 믿음을 요구하십니다. 이전과는 전혀 다른 차원의 계시와 은혜를 베풀고 계시기 때문입니다.

정답은 바로 '예배'입니다. 온 교회와 성도들은 주님께 엎드려 경배하고 찬양하며 예배드려야 합니다. 이것이 하나님 보좌 우편에 앉으신 영광스러운 주님께 마땅히 보여야 하는 믿음입니다. 장차 영광 중 재림하여 온 하늘과 땅을 심판하고 새 하늘과 새 땅을 창조하며 영원한 하나님 나라가 임하게 하시고 영원히 통치하실 주님의 역사하심에 대해, 온 교회와 성도들은 엎드려 경배하고 찬양하며 예배를 드려야 합니다. 주님은 우리를 제자로 삼으시고, 병 고침과 회복을 베푸시고, 십자가와 부활을 통해 죄를 사하실 뿐만 아니라, 영원한 하나님 나라와 영생을 주십니다. 우리는 그 주님을 믿는 믿음을 가지고 있기에 그분께 예배드려야 합니다.

다시 선포합니다. 이제는 예수님을 좇는 것, 주님의 능력을 신뢰하며 소망하는 것, 자기를 부인하고 자기 십자가를 지는 것, 십자가 고난과 부활을 믿는 것만으로는 부족합니다. 주님께 예배드리는 믿음이 필요합니다. 자기 자신을 완전하게 계시하신 영광스러운 주님께 예배드리지 않는다면, 그것은 다른 무엇을 보충해도 그저 믿음 없는 모습에 불과합니다.

완전하신 예수님께 드리는 완전한 예배

우리는 누구에게 예배드립니까? 정답은 분명합니다. 교회와 성도는 하나님께 예배드립니다. 또한 예수 그리스도께 예배드립니다(이 부분은 마지막 장에서 다루겠습니다).

다시 한 번 묻겠습니다. 우리는 어떤 모습의 예수 그리스도께 예배드립니까? 병자를 고치시는 예수님입니까, 십자가에 달리신 예수님입니까, 혹은 부활하신 예수님입니까? 정답은 분명합니다. 우리는 하나님 보좌 우편에 앉으신 예수 그리스도께 예배드립니다.

물론 주님은 병자를 고치시고, 복음을 선포하시고, 십자가를 지시고, 부활하시고, 승천하셨습니다. 그러나 우리에게 예배 받으시는 분은 이 모든 과정을 거쳐 지금은 하나님 보좌 우편에 앉으신 예수 그리스도십니다. 살아 계셔서 영광 중에 계신 하나님의 아들 예수 그리스도십니다. 우리는 지상에서 사역하던 분이 아니라 모든 사역을 완성하고 지금은 하나님 나라 보좌 우편에 앉으신 영광스러운 주님께 예배드립니다.

이제 예배가 무엇인지 한 문장으로 대답해 봅시다. 예배는 공생애의 모든 사역을 완성하고 부활 승천하여 지금은 하나님 보좌 우편에 앉으신 영광스러운 예수 그리스도께, 교회와 성도와 제자들이 엎드려 경배하고 찬양하며 마땅히 올려드리는 믿음의 고백이며 반응입니다.

계시록은 이러한 예수 그리스도께 드려지는 완전한 예배를 선포하고 있습니다.

교회와 성도들에게 말씀을 선포하시다

이제 '밧모섬-예배'의 마지막 장면을 살펴봅시다. 영광스러운 모습으로 임재하신 주님 앞에서 요한은 엉거주춤하게 엎드러지는 반응을 보입니다. 그럼에도 예수 그리스도는 엎드린 요한에게 오른손을 얹어 주시고 일곱 교회를 향한 말씀을 선포하십니다(계 2-3장).

예배에는 예배받으시는 분과 예배자, 이렇게 두 구성원이 존재합니다. 예배자는 엎드려 경배하고 찬양함으로 예배를 드립니다. 그리고 예배받으시는 분은 말씀을 선포하십니다. 이것이 예배를 구성하는 기본 요소입니다.

예배 설교를 선포하시는 주님

예수님의 말씀 선포는 '예배 설교'입니다. 비록 온전하지는 않지만 밧모섬에서 예배가 드려지고, 주님은 예배를 받으시는 중에 설교하시기 때문입니다. 일곱 교회를 향한 주님 말씀이 예배 설교라는 사실은 매우 중요합니다. 성경에는 예배 장면이 거의 담겨 있지 않기에 예배 설교도 그 예가 거의 없습니다. 그런데 밧모섬에서 다른 사람도 아니고 주님께서 직접 예배 설교를 행하십니다.

그러므로 오늘날 우리가 어떻게 예배 설교를 행하거나 들어야 하는지를 찾아보려면, 이 장면을 기준과 모델로 삼아야 합니다. 흔히 복음서에 나오는 예수님의 설교나 사도행전에 나오는 베드로와 바울의 설교를 설교의 기준과 모델로 삼곤 합니다. 하지만 엄밀하게 말하면, 이 설교들은 예배 설교가 아닙니다. 예배 때 선포된 말씀이 아니기 때문입니다.

설교자와 청중

밧모섬에서 예수님께서 행하신 예배 설교를 보면 설교자, 청중, 내용에서 모두 특징이 두드러집니다. 우선 설교자가 예배 받으시는 분인 예수님입니다. 주님은 공생애 사역을 하시는 동안 권세 있는 말씀을 선포하셨지만, 예배받으시는 분으로서 설교하신 것은 아닙니다. 그러나 밧모섬에서는 예배받으시는 분으로서 설교하십니다. 그 무엇과 비교할 수 없는 하나님의 영광 가운데서 예배 설교를 하고 계십니다.

설교를 듣는 청중 역시 특징이 있습니다. 지금 예배 설교를 듣는 청중은 예배자인 요한입니다. 예수님께서 지상에서 설교하실 때에는 아무나 설교를 들으러 나왔습니다. 주님을 믿는 사람도 나오고, 설교에는 관심이 없고 그저 병 고침을 받으려는 사람도 나오고, 심지어 꼬투리를 잡아 주님을 죽이려는 사람도 나왔습니다. 다시 말해, 주님은 예배 설교가 아니라 복음 전파를 위해 전도 설교를 하셨습니다. 하지만 밧모섬에서의 청중은 교회와 성도, 즉 예배자입니다. 청중의 구성 자체가 예전과는 다릅니다.

또한 예배자 요한은 이전과 전혀 다른 태도로 주님을 대하고 있습니다. 주님이 누구신지 이전보다 더욱 온전히 알고 믿게 되었고, 주님 앞에 엎드러진 모습으로 말씀을 듣고 있습니다. 현실적으로는, 이처럼 청중이 설교자와 설교를 대하는 태도가 달라진 것이 가장 중요한 변화가 아닐까 싶습니다.

근본적으로 예배 설교는 하나님 나라에 계신 예수 그리스도께서 지상의 교회와 성도에게 말씀을 선포하시는 것입니다. 즉 하늘로부터 지상으로 내려오는 말씀 선포가 예배 설교입니다. 이 사실을 예배자 요한은 이해하고 있고, (비록 완벽하지는 않지만) 이에 합당한 모습으로 설교자와 설교를 대하고 있습니다.

예배 설교에 담긴 세 가지 주제

예배 설교에 담긴 주제를 살펴봅시다. 예수님은 소아시아의 일곱 교회를 향해 매번 동일한 순서와 주제로 설교하십니다.

주님은 예배 설교 첫 부분에서 예수님이 누구신지를 선포하십니다(처음과 마지막이신 분, 좌우에 날선 검을 가지신 분, 눈이 불꽃 같으신 분, 하나님의 아들, 다윗의 열쇠를 가지신 분 등). 본론에서는 교회와 성도들을 향한 칭찬과 책망을 선포하시고, 마지막 결론으로는 이기는 자들에게 상급을 주겠다고 약속하십니다. 일곱 교회에 약속하신 상급은 모두 당장 지상에서 받는 물질이 아니라 장차 하나님 나라에서 받아 누릴 은혜입니다.

여기에 기록된 내용이 예수님께서 행하신 예배 설교라는 점과, 이 설교를 오늘날 예배 설교의 기준과 모델로 삼아야 한다는 점을 인정한다면, 우리는 예배 시간에 어떤 설교가 선포되어야 하는지 분명하게 알 수 있습니다.

예배 설교는 ① 예수님에 관한 것이어야 하고, ② 지금 이 땅에서 지속되는 교회의 신앙생활과 관련된 것이어야 하며, ③ 장차 우리가 들어갈 하나님 나라에 관한 것이어야 합니다. 물론 다른 내용도 포함될 수 있습니다. 하지만 설교자와 설교를 듣는 성도들은 적어도 이 세 가지가 예배 설교의 핵심이라는 점을 인식해야 합니다.

이미 주신 복음을 기준으로 하는 칭찬과 책망

예배 설교의 내용과 관련해 한 가지를 더 짚고 가겠습니다. 예수님은 일곱 교회에 각각 칭찬과 책망의 말씀을 하십니다. 이는 주님의 관심이 근본적으로 교회에 있음을 잘 보여줍니다. 그런데 주님의 설교 내용이 칭찬과 책망이라는 점이 매우 중요합니다. 예수님은 여태껏 듣지 못했던 전혀 새로운 진리를 선포하시는 것이 아닙니다. 주님은 교회들이 이미 알고 있는 복음을 기준으로 그들의 신앙을 평가하십니다. 새로운 복음을 계시하시는 것이 아닙니다. 복음은 이미 완전히 계시되어 주어진 것으로 간주하십시오.

　오늘날 선포되는 예배 설교 역시 마찬가지입니다. 모든 예배 설교는 예수님께서 이미 선포하고 알려주신 복음을 증거합니다. 아직 알려지지 않은 신비한 내용, 천사의 직통 계시 같은 것을 증거하는 게 아니라, 이미 주어졌고 그래서 모두가 알고 있는 예수님 말씀을 선포합니다. 이 점은 예배 설교의 내용이 갖는 본질이자 특징입니다.

설교자를 통해 전달되는 설교

예배 설교의 형식과 관련해 마지막으로 살펴볼 점이 있습니다. 예수님께서 선포하시는 계시록 2-3장의 내용은 대언자를 통해 전달됩니다. 일곱 교회와 성도들은 주님의 음성을 직접 듣는 것이 아닙니다. 아마 요한은 계시록을 기록한 후 일곱 교회에 보냈을 것이고, 교회들은 요한이 목격한 하나님 나라의 예배 장면을 기준 삼아 예수 그리스도께 예배드리면서 예배 설교 시간에 계시록을 읽기도 하고 듣기도 했을 것입니다. 이때 요한이 대언자 역할을 했을 수 있지만, 다른 성도가 설교자로서 이 일을 감당했을 것입니다.

예배 설교는 예수님께서 선포하시는 말씀입니다. 하지만 반드시 예수님께서 '직접' 선포하시는 것은 아닙니다. 그러므로 주님의 말씀을 대언하는 자, 즉 설교자는 반드시 예수님의 말씀을 전하고 선포해야 합니다. 이는 설교자가 직통 계시를 받아야 한다는 뜻이 아닙니다. 이미 기록되어 있는 예수님의 말씀인 성경만을 예배 설교의 내용으로 삼아야 한다는 뜻입니다. 예수님께서 성경을 통해 이미 계시하신 내용, 즉 예수님이 누구신지, 교회와 성도는 어떻게 신앙생활을 해야 하는지, 장차 우리가 누릴 하나님 나라와 영생에 대해 선포하고 증거해야 합니다. 여기에서 벗어나 엉뚱한 이야기를 늘어놓는 것은, 주님 앞에서 심판받아 마땅한 큰 죄입니다. 아무리 유익한 내용이라 하더라도 예수님 말씀이 아닌 내용을 강단에서 선포해서는 안 됩니다.

성도 역시 밧모섬에서 요한이 취했던 것과 같은 (비록 온전하지는 않지만) 태도로 예배 설교를 들어야 합니다. 동시에 강단에서 선포되는 말씀이 진정 예수님의 말씀인지 잘 분별해야 합니다. 예배 설교가 권위 있는 이유는 설교자가 탁월해서가 아니라 선포되는 내용이 '예수님 말씀'이기 때문입니다. 설교자 역시 밧모섬의 요한이 그러하듯 예배자 중 한 사람임을 설교자 자신은 물론이고 모든 성도가 잊어서는 안 됩니다.

두 번째 예배

요한계시록 4:1~6a

;

⁰¹ 이 일 후에 내가 보니 하늘에 열린 문이 있는데 내가 들은 바 처음에 내게 말하던 나팔 소리 같은 그 음성이 이르되 이리로 올라오라 이 후에 마땅히 일어날 일들을 내가 네게 보이리라 하시더라

⁰² 내가 곧 성령에 감동되었더니 보라 하늘에 보좌를 베풀었고 그 보좌 위에 앉으신 이가 있는데 ⁰³ 앉으신 이의 모양이 벽옥과 홍보석 같고 또 무지개가 있어 보좌에 둘렸는데 그 모양이 녹보석 같더라

⁰⁴ 또 보좌에 둘려 이십사 보좌들이 있고 그 보좌들 위에 이십사 장로들이 흰 옷을 입고 머리에 금관을 쓰고 앉았더라 ⁰⁵ 보좌로부터 번개와 음성과 우렛소리가 나고 보좌 앞에 켠 등불 일곱이 있으니 이는 하나님의 일곱 영이라 ⁰⁶ 보좌 앞에 수정과 같은 유리 바다가 있고…

찬란하고 영광스러운
하나님 나라에 올라가다

장면1: 예배 시작 상황

하나님 나라에 올라간 요한

계시록 4장이 기록하는 두 번째 예배를 살펴봅시다. 두 번째 예배 역시 세 장면, 즉 예배 시작 상황(장면1), 예배받으시는 분(장면2), 예배자(장면3) 순서로 전개됩니다.

예수님께서 일곱 교회에 예배 설교를 선포하시고 나서 요한은 엄청난 경험을 합니다. 하나님 나라에 올라간 것입니다.

요한이 고개를 들어 하늘을 보니 그곳에 열린 문이 있습니다. 밧모섬으로 내려오셨던 예수님께서 그곳에서 요한을 향해 "이리로 올라오라"고 말씀하십니다. 요한은 하나님 나라로 올라가는 큰 은혜를 누립니다.

장엄한 풍경과 마주한 적이 있습니까? 스위스 융프라우의 만년설이나 나이아가라의 폭포수를 본 적이 있습니까?

그러나 지상의 무엇도 요한이 목격한 장면과는 비교할 수 없을 것입니다. 요한은 지상이 아니라 천상의 장관을 마주하고 있습니다. 그는 인류 역사를 통틀어 가장 찬란하고 영광스러운 장면을 목격합니다.

계시록 4장의 공간적 배경은 하나님 나라입니다. 밧모섬도, 스위스도 아닌 하나님 나라입니다. 여기에 무슨 설명을 더하겠습니까?

하나님 나라에서 드려지는 예배

요한은 하나님 나라에서 무엇을 보고 있습니까? 어떤 사람은 하나님 나라(천국)라고 하면 황금길, 수많은 보석으로 치장한 성벽, 으리으리한 건물 등을 떠올립니다. 산해진미가 쌓인 만찬장이나 안락하고 편안한 바닷가 휴양지 같은 것을 떠올리기도 합니다. 어쩌면 이런 장면들이 일반적으로 기대하는 하나님 나라의 모습인지도 모르겠습니다.

요한이 하나님 나라에서 본 것은 이따위(!) 것들이 아닙니다. 그는 계시록이 끝날 때까지 천국의 외양이나 규모 혹은 화려함 등에 대해서는 거의 언급조차 하지 않습니다.

요한이 하나님 나라에 올라가서 맨 처음 목격한 것, 그리고 가장 오랫동안 바라본 것은 예배드리는 광경입니다. 하늘에 발을 들여놓는 순간부터, 요한은 그곳에서 드려지던 찬란하고 영광스러운 예배만을 바라봅니다.

요한은 하나님 나라에서 숨막히도록 장엄한 예배가 드려지고 있는 것을 보며 깨닫습니다. 하나님 나라는 그 자체가 거대한 '성전'임을 말입니다. 동시에 예수님이 거룩한 성전인 하나님 나라에 계신 분이고, 그곳에서 예배를 받으시다가 요한을 불러 친히 올라오게 하셨다는 사실도 깨닫습니다.

그렇기에 요한은 하나님 나라를 설명하며 오직 한 가지, 그곳에서 드려지는 예배만을 묘사합니다. 황금길이나 보석이 박힌 성벽 따위는 눈에 들어오지 않을 만큼 예배의 영광이 찬란했기 때문입니다. 또한 본질적으로 하나님 나라는 예배드리는 곳이기 때문입니다. 아니, 하나님 나라에서 보이고 들리고 누리는 것은 오직 예배이기 때문입니다!

오직 주님만 하실 수 있는 일

요한은 원래 하나님 나라에 거하는 존재가 아니라 외부인이지만, 하나님 나라에 발을 들이는 순간부터 원하든 원치 않든 '하나님 나라-예배'의 일원이 되어 모든 장면을 보고 듣고 누립니다. 하나님 나라에서 이미 예배가 드려지고 있다는 점도 중요하지만, 요한이 하나님 나라에 발을 들이는 순간부터 그 예배의 일원이 된다는 점도 매우 중요합니다.

생각해 봅시다. 요한에게 '하나님 나라-예배'는 어떻게 시작됩니까? 대답은 간단합니다. 우리 주 예수 그리스도께서 하나님 나라의 문을 열어 주셔야 합니다. 지상에 있던 요한을 하늘에서 불러주시고 하나님 나라에 들어오게 하셔야 합니다. 이 모든 일은 오직 예수님만 하실 수 있습니다. 주님은 이 모든 과정을 친히 담당하여 요한이 '하나님 나라-예배'에 동참하게 하십니다.

요한만 이런 방식으로 '하나님 나라-예배'에 동참하게 된 걸까요? 천만에요. 하나님 나라에 들어와서 이미 예배드리던 다른 모든 존재들도 마찬가지입니다. 그들도 주님께서 하늘 문을 열어 부르시고 들어오게 하여 그곳 하나님 나라에서 예배자로 있게 하셨습니다.

더 중요한 사실은, 우리가 지상에서 드리는 예배도 마찬가지라는 점입니다. 예수님께서 하늘 문을 열어 우리를 부르시고, 지금 드려지는 '하나님 나라-예배'에 우리가 동참하게 해주셔야 합니다. 그래야만 우리가 진정한 예배를 드릴 수 있습니다.

'밧모섬-예배'는 주님께서 구원하신 성도가, 주의 날에, 주님께서 임재하신 밧모섬에서 드리는 것으로 시작됩니다. 혈통, 안식일, 성전이 아니라 오직 예수 그리스도께서 예배를 가능하게 하셨습니다. 이번에도 마찬가지입니다. 다시 한 번 요한은 예수 그리스도의 일하심을 통해 '하나님 나라-예배'에 동참하게 됩니다. 기억하십시오. 오직 예수님만이 우리를 예배 가운데로 불러들이십니다.

성령의 감동하심

요한에게 나타난 중요한 변화는 예배드리는 장소(밧모섬에서 하나님 나라로)에 그치지 않습니다. 예배가 시작되는 본질적인 요소로 여기 한 가지가 더 기록되어 있습니다. 그는 하나님 나라에 올라가자마자 성령에 감동되는 은혜를 누립니다. 공간의 변화뿐 아니라 영적 상태에도 변화가 일어났습니다.

> 내가 곧 성령에 감동되었더니(4:2).

예배 첫 장면은 항상 성령에 감동되는 것에서 출발합니다. 앞서 밧모섬 예배에서도 요한은 성령에 감동되면서(1:10) 주님의 음성을 듣고, 찬란하고 영광스러운 주님의 모습도 봅니다. 지상의 밧모섬에서도, 천상의 하나님 나라에서도 모두 성령에 감동되면서 예배가 시작됩니다.

지상에서든 천상에서든 처음에는 싱숭생숭했는데 예배가 진행되면서 뜨거워지다가 예배를 마칠 때쯤 성령에 감동된 것이 아닙니다. 지상에서든 천상에서든 예배는 성령의 감동케 하시는 역사를 통해 시작됩니다. 예배를 시작하는 진정한 입례(入禮)는 성령에 감동되는 것입니다. 사실 성령과 아무 관계 없는 사람은 예배를 드릴 필요도 없고 예배드리는 자리에 나오지도 않습니다.

예수님은 수가성 여자에게 '영과 진리'로 예배를 드려야 한다고 말씀하셨습니다. 예배드린 결과 영과 진리로 충만해지는 것이 아니라, 영과 진리로 충만해진 영적 변화를 겪어야 예배가 시작된다는 사실을 우리는 기억해야 합니다. 그러므로 예배로 나아갈 때 성령에 감동되기를 간구하며, 성령과 진리로 예배드리기를 가난한 심령으로 사모하십시오.

이것이 '하나님 나라-예배'가 시작되는 첫 번째 장면입니다. 예배는 예수 그리스도께서 문을 열어 우리를 부르시고 예배드리는 자리로 올라오게 하시면서 시작됩니다. 예수님께서 은혜를 베푸실 때에만 예배가 시작됩니다. 또한 성령님께서 예배자를 감동시키는 은혜를 베푸셔야 합니다.

오늘 우리도 오직 성자 예수 그리스도의 은혜와 성령 하나님의 감동케 하심을 통해서만 지상에서 온전한 예배를 시작하고, 요한처럼 '하나님 나라-예배'의 일원이 될 수 있습니다.

예배, 하나님 나라에서 내려온 완전한 계시

요한이 목격한 온전한 예배

요한은 밧모섬에 내려오신 영광스러운 예수님과 마주쳐 그 발 앞에 엎드러지는 경험을 합니다. 하지만 앞서 말했다시피 이 것을 온전한 예배라고 할 수 없습니다. 그렇다면 어떻게 예배를 드려야 온전하다고 할 수 있을까요?

예수님은 요한을 하나님 나라로 올라오게 하시고, 하나님 나라에서 드려지는 완벽하고 풍성하고 찬란하고 영광스러운 예배를 직접 목격하며 동참하게 하십니다. 하나님 나라에 이미 들어와 있던 존재들, 즉 완전한 구원과 영생을 충만하게 누리는 존재들이 어떻게 예배를 드리는지 보고서 무엇이 온전한 예배인지를 알게 하십니다.

요한은 예배를 목격합니다. 완전한 성전 제사나 완전한 회당 모임이 아니라 완전한 '하나님 나라-예배'를 봅니다. 그는 자신이 어떤 점에서 예수 그리스도께 온전치 못한 예배를 드려왔는지 깨닫습니다. 교회와 성도들이 주님께 어떻게 예배를 드려야 하는지도 명확히 알게 됩니다.

가장 오래된, 가장 마지막에 주어진 계시

하나님께서 베푸신 여러 제도들을 계시된 시점 기준으로 살펴보면, 예배는 '가장 마지막에 베풀어진 가장 완벽한' 계시입니다. 구약 시대에 하나님은 시내산 언약 체결식과 성전 및 제사 제도를 베푸시고, 이후에 예수 그리스도의 공생애를 통해 십자가 고난과 부활과 승천을 허락하십니다. 마지막으로 오순절에 성령님을 보내십니다. 하지만 예배는 이보다 더 나중에 계시록을 통해 보여주십니다. 이처럼 예배는 하나님 나라에서 내려온 최종적이고 완성된 계시이며 은혜입니다.

한편, 예배는 영원전부터 존재했기에 가장 오래되었습니다. 예배는 하나님께서 베푸신 제도들인 성전, 제사, 교회, 성찬식이 제정되기 훨씬 전부터 존재했습니다. 또한 예배는 장차 영원토록 존재할 것입니다. 그래서 예배는 가장 마지막에 주어진 하나님의 계시인 동시에 가장 오래 전부터 있어 왔고 가장 오랫동안 지속될 은혜입니다.

'하나님 나라-예배', 예배의 유일한 기준

하나님 나라에서 드려지는 바로 이 예배, '하나님 나라-예배'가 예배의 기준입니다. 완벽하고 완성된 예배이며, 장차 우리가 하나님 나라에서 영생을 누릴 때 동참할 예배입니다. 뿐만 아니라 막연한 장래에 실현될 예배가 아니라 요한이 살던 당시뿐 아니라 지금도 하나님 나라에서 드려지는 현재진행형 예배입니다.

이것이 예배의 원형입니다. 예배가 무엇인지, 어떻게 온전한 예배를 드리는지 알고 싶다면, 예배의 성경적 요소를 살펴보고자 한다면, 사람들이 예배와 관련해 만든 모든 역사와 전통, 그밖의 참고자료들을 내다버리고, 바로 이 '하나님 나라-예배'를 기준으로 삼으십시오.

하늘에서 계시로 주어진 은혜

이처럼 예배는 기원이 하나님 나라에 있습니다. 예배는 사람들이 어떻게 하면 하나님께 영광을 돌릴까 고민하다가 만들어낸 종교 의례가 결코 아닙니다. 또한 교회의 전통과 역사 속에서 서서히 발전되다가 최종적으로 형성된 산물이 아닙니다.

그러므로 예배가 무엇인지 알고 싶다면, 모세를 찾아가지도 말고, 초대교회를 찾아가지도 말고, 종교개혁을 찾아가지도 말고, 계시록을 찾아가야 합니다. 눈을 들어 하나님 나라를 바라보아야 합니다. 예배는 하나님 나라로부터 주어진 계시이며 영원 전부터 베풀어진 은혜이기 때문입니다.

보좌에 앉으신 하나님의 영광을 목도하다

장면 2: 예배받으시는 분

예배받으시는 분인 하나님을 보다

요한이 목격하고 기록한 '하나님 나라-예배'가 구체적으로 어떻게 전개되는지 살펴봅시다.

성령에 감동된 요한이 예배가 드려지는 하나님 나라에서 제일 처음 목격한 것은 보좌와 그 위에 좌정하신 하나님입니다. 예배받으시는 분을 목격한 것입니다. 요한은 보좌에 좌정하신 하나님을 벽옥(jasper)과 홍보석(carnelian) 같다고 묘사합니다.

내가 곧 성령에 감동되었더니

보라 하늘에 보좌를 베풀었고

그 보좌 위에 앉으신 이가 있는데

앉으신 이의 모양이 벽옥과 홍보석 같고(4:2-3).

예배받으시는 분에 대한 극히 적은 묘사

요한의 설명은 참 독특합니다. 그는 보좌가 어떻게 생겼는지 소재, 크기, 색상, 모양에 대해 아무것도 묘사하지 않습니다. 보좌가 있다는 언급만 할 뿐입니다.

예전에 수천억 원을 들여 새로 지었다는 예배당에 간 적이 있습니다. 복도에 액자들이 주욱 걸려 있더군요. 무슨 액자인가 보다가 기절할 뻔했습니다. 강대상이 무슨 나무로 제작되고 가격은 얼마인지 상세히 설명해 놓은 액자였습니다. 굳이 이렇게까지 해야 하나 싶었지만, 사실 무엇이라도 자랑하고 싶은 것이 우리 인간의 마음인 듯합니다. 그러나 요한은 보좌와 하나님 나라에 대해 한마디도 설명하지 않습니다.

이뿐 아닙니다. 요한은 보좌에 좌정하신 하나님을 목격하지만, 그분에 대해 마찬가지로 아무것도 묘사하지 않습니다. 그분 모양이 벽옥과 홍보석 같다고 짤막하게만 언급합니다. 그러나 이것만으로는 하나님의 외양은 추측조차 할 수 없습니다. 그저 형언할 수 없는 분이 실제로 존재하신다는 것만 알 뿐입니다. 아니, 사실 요한은 보좌 위에 계신 분이 하나님이라는 말조차 꺼내지 않습니다.

결국 요한은 예배받으시는 분에 관해 고작 1.5절을 할애하여 기록합니다. 손가락으로 꼽을 만큼 적은 단어를 사용합니다. 거의 아무것도 설명하지 않은 셈입니다.

요한의 이런 설명 방식은 이후 장면과 대조적입니다. 잠시 후 요한은 장로들, 네 생물, 천군 천사들 모습이나 기타 여러 장면들을 자세하게 묘사하려고 애쓰는 것처럼 보입니다. 네 생물의 경우에는, 독자들이 쉽게 이해할 수 없는 표현까지 동원하여(얼굴이 사자 같고, 송아지 같고, 사람 같고, 독수리 같고…) 이들을 묘사하려 노력합니다. 하지만 하나님에 대해선 아무것도 묘사하거나 설명하지 않습니다.

설명할 수도, 표현할 수도 없는 영광

표현할 게 없고 사소해서 이렇게 거의 아무것도 묘사하지 않았을까요? 오히려 정반대입니다. 너무 어마어마하고 영광스러워 어떤 식으로든 설명하기가 불가능하기에 아무것도 설명하지 않았다고 봐야 합니다.

목소리를 높여 열정적으로 연설하다가도 정말 강조하고 싶은 대목에서는 목소리를 낮추고 짧게 한두 마디로 갈음하듯, 십자가 사건 이후 갈릴리로 돌아가 물고기를 잡던 제자들이 그들을 찾아오신 주님을 넋 나간 듯 바라보다가 "주님이시다" 하고 짧은 한마디를 내뱉으며 그들의 먹먹한 가슴을 표현하듯, 지금 요한은 아무 할 말이 없는 상황입니다. 어지간하면 화려하고 다양한 수식어를 사용해 볼 텐데, 어떤 표현도 수준 낮은 묘사에 불과할 뿐이라 입을 다문 상황입니다.

요한은 숨이 막힙니다. 밧모섬에서 주님 앞에 엎드러진 것처럼, 하나님을 바라보는 지금도 입을 열어 말조차 꺼낼 수 없을 지경입니다. 직접 목격한 하나님 영광이 너무 거대하고, 그 영광에 압도당해, 다른 어떤 수식어 없이 '보좌, 그 위에 좌정하신 하나님'이라는 단순한 설명만 할 뿐입니다.

"아… 하나님이시구나!"

예배 설교를 선포하시는 하나님

예배받으시는 하나님은 무엇을 하십니까? 하나님은 보좌에 좌정한 채 말씀을 선포하십니다. 예배 설교를 선포하십니다. 요한은 하나님을 두 눈으로 목격할 뿐만 아니라 두 귀로 그분이 하시는 말씀도 듣습니다. 하나님 모습을 직접 보고 그분 음성을 직접 듣는 것입니다.

> 보좌로부터 번개와 음성과 우렛소리가 나고(4:5).

요한은 하나님께서 선포하시는 말씀을 "번개와 음성과 우렛소리"로 표현합니다. 그는 이미 밧모섬에서 이와 비슷한 소리를 들은 적이 있습니다. 예수님께서 밧모섬에 내려와 말씀하실 때, 그 음성이 "나팔 소리"와 "많은 물소리" 같았기 때문입니다. 구약성경도 시내산에 임재하신 하나님께서 출애굽한 히브리인들에게 말씀하실 때, 지금처럼 "우레와 번개와… 나팔소리"가 났다고 기록합니다(출 19:16).

다만 요한은 하나님께서 선포하시는 내용은 기록하지 않습니다. "번개와 음성과 우렛소리"는 하나님의 말씀이 어떤 소리인지를 설명합니다. 높은 소리, 낮은 소리, 맑은 소리, 쩌렁

쩌렁한 소리처럼 '소리'가 어떠한지를 묘사합니다. 밧모섬에서는 예수님의 음성이 "많은 물소리" 같다고 묘사한 후에 그 내용을 기록하고, 시내산에서도 하나님의 음성이 "우레와 번개와…나팔소리" 같다고 묘사한 후 십계명과 다른 계명 등 말씀하신 내용을 기록합니다. 하지만 지금은 그저 소리가 어떠한지 설명할 뿐 선포하시는 내용은 기록하지 않습니다. 그래서 아쉽게도 우리는 하나님께서 선포하시는 내용은 알 수 없습니다.

예배받으시는 분이 행하는 한 가지

'밧모섬-예배' 때에도 예배받으시는 분인 예수 그리스도는 한 가지만을 행하십니다. 말씀 선포, 즉 예배 설교를 하십니다. '하나님 나라-예배'에서도 마찬가지입니다. 보좌 위에 앉아 예배받으시는 분인 하나님은 단 한 가지를 행하십니다. 말씀을 선포하십니다. 지금 하나님 나라에서는 예배를 드리고 있으므로, 이것 역시 예배 설교입니다.

이런 공통점에서 우리는 예배와 관련해 분명한 한 가지 사실을 알 수 있습니다. 예배받으시는 분께서 선포하시는 예배 설교가 예배에서 가장 중요한 요소 중 하나라는 점입니다. 하나님의 말씀 선포가 없는 예배는 존재하지 않습니다. 과격하게 말하자면, 그건 예배가 아닙니다.

이 장면에서 우리는 하나님의 말씀을 들으려면 예배드리는 자리에 나아가야 한다는 점도 알 수 있습니다. 다른 노력이 필요하지 않습니다. 예배드리는 자리에 나아가야 하나님 말씀을 들을 수 있습니다.

다른 것에 마음과 시선을 뺏긴다면

요한은 하나님 나라에서 드려지는 예배에서 보좌 위에 계신 하나님을 바라봅니다. 화려한 성전이나 빛나는 보석이나 천군 천사가 아니라 가장 먼저 하나님을 목격합니다. 이처럼 하나님의 영광스러운 임재가 예배에서 얼마나 중요한지 모릅니다. 하나님의 임재 없는 예배는 시작되지도, 성립되지도 않습니다.

예배를 드린다고 하면서도 가장 먼저 성령님께서 감동케 하시는 은혜 가운데 들어가지 않는다면, 그리고 하나님의 영광스러운 임재를 보지 못한다면, 우리는 온전한 예배를 드리는 것이 아닙니다.

어려운 내용이 아닙니다. 예배를 시작하면서 마음은 좋아하는 이성에게 가 있다면, 혹은 화려한 예배당 건물에 시선을 뺏긴다면 잘못된 예배를 드리는 것입니다. 예배자가 하나님의 영광스러운 임재보다 성가대와 오케스트라의 웅장함, 강단의 꽃장식 혹은 다른 무언가에 마음과 시선을 뺏긴다면, 이미 우상 숭배를 시작한 것과 다르지 않습니다. 그럴 바에야 화려한 건물과 아름다운 꽃장식 없이 예배를 드리는 것이 낫습니다.

예배를 드리면서 근심과 걱정, 두려움, 고통, 질병 등에 여전히 마음이 사로잡혀 있다면, 이것 역시 온전한 예배가 아닙니다. 세상의 즐거움에 빠진 채 드리는 예배도 예배답지 못하기는 마찬가지입니다. 근심도, 세상의 즐거움도 하나님 임재 앞에 엎드리는 순간 모두 십자가에 못박아야 합니다. 어떤 것이든 배설물로 여기고 오직 하나님만을 바라보는 데서 예배가 시작됩니다.

그 무엇도 하나님의 임재와 영광을 대체하거나 가로막아서는 안 됩니다. 이런 것들은 영과 진리로 드려야 하는 예배를 단순한 종교 행위로 전락시키기 때문입니다.

하나님께서 베푸시는 은혜 vs 인간이 만들어내는 감동

좀 더 쉽게 설명해 봅시다. 사람은 연약한 종교적 존재이기에 하나님이 아닌 다른 것을 통해서도 종교적 경외심을 경험할 수 있습니다. 지붕이 높은 화려한 건물에 들어서면 신비감과 경외심이 들고, 건물 안에 울려 퍼지는 음악 소리에 전율을 느끼기도 합니다.

인간의 이런 종교심을 잘 아는 사탄은, 인간이 세운 건물이나 인간이 연주하는 음악 등 여러 방법을 통해서도 종교적인 감동을 얻어 은혜를 받은 것처럼 느끼게 만듭니다. 정말 큰 문제는 수많은 예배자들이 인간이 만든 감동을 마치 하나님의 임재와 영광에서 비롯된 것인 양 착각하는 경우가 많다는 것입니다.

예배자는 예배받으시는 분이신 하나님의 영광스러운 임재와 그분이 선포하시는 말씀에서 은혜를 누려야 합니다. 예배자인 사람이 만든 건물, 사람이 연주하는 음악에 감동하는 것을 예배의 은혜로 착각해서는 안 됩니다. 우리는 예배받으시는 하나님께서 베푸시는 은혜와, 예배자 자신이 경험하는 종교적 감흥을 반드시 구별해야 합니다. 비슷해 보이지만 이 두 가지는 본질적으로 전혀 다릅니다.

예배자인 우리는 엉뚱한 종교적 감동에 마음을 뺏기지 않도록 경계해야 합니다. 성령에 감동되지 않으면, 언제나 자신이 만들어낸 것을 통해 하나님의 영광과 은혜를 대리 만족하려 한다는 사실을 명심하십시오.

다시 선포합니다. 예배는 하나님께 드리는 것입니다. 오직 하나님만이 영광과 은혜의 근원이십니다. 하나님의 임재와 그분이 베푸시는 말씀과 은혜를 통해서만 우리는 하늘로부터 흘러넘치는 생수를 맛볼 수 있습니다.

하나님 앞에 엎드려 경배하고
하나님만을 고백하고 선포하다

장면3: 예배자

예배자 1: 네 생물

요한은 예배받으시는 분인 하나님을 직접 보고 그분이 선포하시는 말씀을 듣습니다. 그런 뒤에 하나님 나라 예배자들이 하나님께 예배드리는 장면을 목격합니다.

   요한이 목격한 예배자들은 이십사 장로들과 네 생물입니다. 요한은 먼저 네 생물이 하나님께 예배드리는 것을 봅니다. 네 생물은 하나님 보좌 바로 옆에 자리 잡고 있습니다. 이들 중 첫째는 사자 같고, 둘째는 송아지 같고, 셋째는 얼굴이 사람 같고, 넷째는 날아가는 독수리처럼 생겼습니다. 모두 다 앞뒤로 눈이 가득하고, 각각 여섯 개의 날개를 가지고 있습니다.

이들은 사람이 아닙니다. 하나님 나라에는 사람만 있는 것이 아닙니다. 그러나 사람이든 전혀 다른 생명체이든, 그들 모두는 예배자라는 점에서 동일합니다.

밤낮으로 이어지는 고백과 선포

네 생물은 하나님께 고백과 선포를 올려드리며 예배를 드립니다.

> 그들이 밤낮 쉬지 않고 이르기를 …
> 그 생물들이 보좌에 앉으사 세세토록 살아 계시는 이에게
> 영광과 존귀와 감사를 돌릴 때에(4:8-9).

요한은 네 생물의 행동을 "밤낮 쉬지 않고 이르기를"이라고 표현합니다. '이르기를'은 헬라어로 레곤토스(λέγοντες)라는 동사입니다. '말하다'(레고)라는 뜻이고, 현재분사형입니다. 문자적으로는 '말하고 있다'는 의미입니다. 의미를 살려 표현하면 '고백하다', '선포하다' 정도로 이해할 수 있습니다. 즉 이들은 하나님께 밤낮으로 고백하고 선포하면서 예배드리고 있습니다.

엄밀하게 보자면, 이것은 찬양과는 다른 행동입니다. 단어 자체가 '찬양하다'와 전혀 별개인데다가, 뒤이어 나오는 계시록 세 번째 예배에서는 지금과는 달리 주님께 '찬양하는' 장면이 분명하게 나오기 때문입니다.

오직 하나님만 거룩하시다

이들이 고백하고 선포하는 내용은 단 하나, 오직 하나님을 높이는 것입니다.

> 거룩하다 거룩하다 거룩하다
> 주 하나님 곧 전능하신 이여
> 전에도 계셨고 이제도 계시고 장차 오실 이시라(4:8).

이들은 "거룩하다"라고 고백하고 선포하며 하나님을 높입니다. 예배자들이 사용한 '거룩하다'라는 표현은 신구약 전체를 통틀어 오직 하나님께만 사용되는 특징적 단어입니다. 피조물에 대해서는 아무리 높은 지위에 오르고 탁월한 성취를 이루었더라도 '거룩하다'라는 표현을 사용하지 않습니다. '거룩한' 다윗이라는 표현은 성경 어디에도 나오지 않습니다. 하다못해 피조물에게는 '위대한'이라는 표현조차 사용하지 않습니다. '위대한' 다윗이라는 표현 역시 성경에서 찾아볼 수 없습니다.

네 생물은 "주 하나님 곧 전능하신 이"께서 과거에도 계셨고, 현재도 계시며, 장차 오실 분이라고 선포합니다. 과거에도 하나님이셨고 현재도 하나님이시며 장래에도 하나님이시라고, 즉 영원한 하나님이시라고 고백하고 선포합니다.

네 생물은 이처럼 오직 하나님 한 분만 높이며 고백하고 선포합니다. 하나님이 영원하고 거룩한 분이심을 목소리 높여 선포합니다. 이것이 예배자들이 하나님 나라에서 행하는 일입니다. 우리도 이처럼 하나님만 높이며 고백하고 선포하는 예배를 드려야 합니다. 어떤 이유에서든 하나님 이외의 다른 누군가를 높이거나 칭송한다면, 그것은 예배가 아닙니다.

예배자 2: 이십사 장로들

요한이 목격한 '하나님 나라-예배'의 또 다른 예배자들은 이십사 장로들입니다. 하나님 보좌 주변에는 스물네 개의 보좌들이 있고 이십사 장로들이 그 위에 앉아 있습니다. 이들은 흰 옷을 입고 금관을 쓰고 있습니다. 계시록은 예수님께서 순교자들에게 '흰 옷'(흰 두루마기)을 나누어 주시는 장면을 기록합니다(6:11). 각 나라와 족속과 백성과 방언 가운데서 구원받은 셀 수 없는 큰 무리가 어린 양의 피에 씻어 희게 한 '흰 옷'을 입고 어린 양을 찬양하는 장면도 기록합니다(7:14). 그렇기에 이십사 장로들이 입고 있던 흰 옷과 금관 역시 주님께서 그들에게 주시는 선물일 것입니다. 여하튼 이십사 장로들은 네 생물과 마찬가지로 하나님 보좌 바로 옆, 하나님과 가장 가까운 영광스러운 곳에 자리 잡은 예배자들입니다.

엎드려 경배하는 이십사 장로들

먼저 이십사 장로들은 하나님 앞에 엎드립니다. 밧모섬 요한의 경우에서 언급했듯 '엎드리다'라는 말은 땅바닥에 몸을 붙이고 절을 한다는 뜻입니다. 이들은 말 그대로 절하며(경배하며) 엎드린 것입니다.

> 이십사 장로들이 보좌에 앉으신 이 앞에 엎드려

세세토록 살아 계시는 이에게 경배하고

자기의 관을 보좌 앞에 드리며 이르되(4:10).

예배자들은 그저 무릎 꿇는 정도가 아니라, 땅바닥에 납작 엎드려 가장 높으신 하나님께 경외심을 표현합니다. 기본적으로 예배는 편안한 것이 아니라 불편한 태도를 취하는 것임을 알 수 있습니다.

그렇지만 이들은 하기 싫은데 억지로 힘들고 불편한 태도를 취하는 것이 아닙니다. 지상 권력자들은 대부분 폭력과 권력 혹은 형벌의 두려움을 이용해 사람들을 무릎 꿇게 만듭니다. 하지만 하나님 나라에서는 감사와 경외심이라면 몰라도, 두려움이나 강요에 떠밀려 억지로 절하며 경배하지 않습니다. 실제로 이십사 장로들과 달리 네 생물은 엎드리지 않으며, 뒷부분에서도 하나님 앞에 엎드리지 않은 채 예배드리는 모습이 나옵니다.

오직 하나님만 높이는 예배

엎드려 경배하던 이십사 장로들은 한 사람도 예외 없이 자신이 쓰고 있던 금관을 벗어 하나님께 내어드립니다. 금관은 그들이 받은 상급, 지위 혹은 일정한 특권을 의미합니다. 다른 존재들과 그들을 구별 짓는 차이점이기도 합니다. 그러나 상급이든 지위든 특권이든 혹은 그 무엇이든, 이들은 하나님께서 주신 것까지 하나님 앞에 내려놓습니다. 예배는 이처럼 나를 높이는 모든 것을 내려놓고 다시 하나님께 올려드리는 것입니다. 오직 하나님만을 높이는 것이 예배입니다.

한동안 이른바 '박사학위 취득 감사예배'가 유행한 적이 있습니다. 제목은 감사예배지만, 대개는 박사학위 받은 것을 사람들에게 알리려는 의도입니다. 하나님 나라에서는 금관 취득 감사예배가 없습니다. 금관조차 그저 벗어서 하나님 앞에 내려놓을 대상에 불과합니다. 예배는 오직 하나님만을 높이는 것입니다. 예배자는 어떤 이유로든 자신을 드러내거나 높여서는 안 됩니다. 예배자는 오직 예배드리는 존재여야 합니다.

고백과 선포: 하나님께서 베푸신 구원과 은혜

이십사 장로들도 네 생물과 마찬가지로 고백과 선포를 합니다. 이들이 고백하고 선포하는 내용도 하나님을 높이는 것 한 가지뿐입니다. 오직 하나님 한 분께만 영광과 존귀와 권능을 돌립니다.

> 우리 주 하나님이여
> 영광과 존귀와 권능을 받으시는 것이 합당하오니
> 주께서 만물을 지으신지라
> 만물이 주의 뜻대로 있었고
> 또 지으심을 받았나이다 하더라(4:11).

이십사 장로들은 하나님께서 과거에 만물을 지으셨으며, 지금 존재하는 만물 역시 하나님께서 지으신 것임을 구체적으로 고백하고 선포합니다. 하나님이 창조주이심을 선포하는 것입니다.

여기에는 주의를 기울여야 하는 내용이 있습니다. 이십사 장로들은 현재 하나님 나라에 있는 예배자들입니다. 그러므로 그들이 말하는 현재 존재하는 만물이란 다름 아닌 하나님 나라, 곧 천국입니다. 그들이 보고 있는 하늘과 땅과 바다는, 지상이 아니라 천상의 하늘과 땅과 바다입니다. 그들이 꽃에 대해 말한다면, 그것은 지상의 꽃이 아니라 하나님 나라에 있는 꽃입니다. 물론 그들이 말하는 과거에 지음 받은 만물이란 현재 우리가 살고 있는 지상을 의미합니다.

결국 이십사 장로들은 하나님께서 지상 세계와 천상 세계(하나님 나라) 모두를 지으신 창조주이심을 고백하고 선포합니다. 하나님께서 우리가 지금 살고 있는 지구를 지으시고 선물로 베푸신 것처럼, 하나님 나라 역시 하나님께서 창조하시고 그들에게 선물로 베푸셨음을 고백하고 선포합니다.

하나님 나라 예배자들인 이십사 장로들은 엎드려 경배하고, 금관을 벗어드리고, 고백과 선포를 하며 하나님께 예배를 드리고 있습니다. 이것이 그들이 드리는 예배이며, 우리가 드려야 하는 예배입니다.

예배자의 정체성

예배자들과 관련해 한 가지를 꼭 짚고 넘어갑시다. 하나님 나라는 매우 존귀한 곳입니다. 네 생물과 이십사 장로들은 그중에서도 지극히 영광스러운 하나님의 보좌 가장 가까이에 있는 매우 귀한 존재들입니다. 계시록에는 이들보다 하나님 보좌에 더 가까이 있는 존재는 등장하지 않습니다. 물론 예수 그리스도는 예외입니다.

어떤 이는 그저 구원받고 하나님 나라에만 들어갈 수 있다면 개집 옆에 살아도 상관없다고 우스갯소리를 하지만, 도대체 어떻게 해야 하나님 나라에서 이들처럼 보좌 가까이에 있을 수 있는지 잘 모르겠습니다. 이들은 우리 모두가 부러워하는 귀하고 영광스러운 존재입니다.

하지만 이들은 높임을 받거나 영광을 받기 위해 그곳에 있는 것이 아닙니다. 이들이 행하는 일은 오직 하나입니다. 하나님께 엎드려 경배하고 고백과 선포를 하며 예배드리는 것, 그 하나입니다. 지위가 얼마나 높든, 존재가 얼마나 영광스럽든, 모습이 얼마나 아름답든, 설령 하나님 보좌 바로 옆에 있을 만큼 고귀하다 하더라도, 이들은 모두 예배드리기 위해 예배자로 그곳에 있습니다.

이들의 정체성은 예배자입니다. 예배자라는 정체성은 지상에서든 천상에서든 가장 존귀하고 아름다운 이름입니다. 우리 역시 이들과 마찬가지로 장차 예배자의 모습으로 하나님 나라에 들어가게 될 것입니다.

'하나님 나라-예배'와 비교하기

'하나님 나라-예배'를 기준 삼아 비교해 보면, '밧모섬-예배'가 어떤 점에서 부족한 예배인지 알 수 있습니다. 요한은 보좌 우편에 계신 예수님께서 밧모섬에 임재하실 때에는 엎드려 절하며 경배하지 않습니다. 요한보다 훨씬 더 존귀한 존재인 이십사 장로들과 네 생물은 주님께 경배함에도 불구하고, 요한은 그저 엎드러질 뿐 온전하게 엎드려 경배하는 예배를 드리지 못합니다.

또한 밧모섬에서 요한은 주님 말씀을 듣기 전이나 들은 이후에나 아무 말도 하지 않습니다. 아무런 고백과 선포를 하지 않습니다. 꿀먹은 벙어리처럼 가만히 있을 뿐입니다. 이는 하나님 나라에서 예배드리는 존재들이 고백하고 선포하는 모습과 대조적입니다.

요한은 예수 그리스도를 높이는 고백과 선포를 해야 마땅합니다. 오직 주님만이 거룩하고 영원하며, 지상과 천상을 지으시고 베푸신 창조주이심을 고백하고 선포하는 것이 당연합니다. 주님을 향한 고백과 선포만이 그 시간과 공간을 가득 채우도록 말입니다. 그러나 요한은 그렇게 하지 않았습니다. 이런 점에서 '밧모섬-예배'는 부족하고 완전하지 않은 예배입니다.

어쩌면 1세기 초대교회 예배도 이와 크게 다르지 않을 것입니다. 초대교회도 밧모섬 요한처럼 주님을 사랑하고, 주님을 깊이 알며, 주님을 섬기고, 주님을 위해 고난받길 마다하지 않으며, 주님께 경배를 드리지만, 온전하고 풍성한 예배가 무엇인지 제대로 알지 못하고 그런 예배를 드리지도 못했을 것입니다.

우리가 지금 드리는 예배는 어떻습니까? 하나님의 임재와 말씀 선포가 가득한 예배, 오직 그것으로 인해 은혜가 충만한 예배를 드리고 있습니까? 오직 하나님만을 높이며, 그분의 위대하심과 영원하심을 고백하고 선포하는 예배를 드리고 있습니까? 우리가 예배드리는 모습은 '하나님 나라-예배'와 비교해 보았을 때, 무엇이 닮았고 무엇이 부족합니까? 우리는 지금 어떤 예배를 드리고 있습니까?

하나님 나라와 예배는 현재진행형이다

요한 당시의 하나님 나라

하나님 나라에 올라간 요한은 그곳에서 하나님께 드려지는 영광스러운 예배, 즉 '하나님 나라-예배'를 목격합니다. 사실 주님은 장래에 어떤 일들이 일어날지를 보여 주기 위해 요한을 하나님 나라에 올라오게 하셨습니다. 하지만 요한은 그 당시의 하나님 나라를 목격합니다. 이는 요한이 살아가는 시점을 기준으로 '현재' 하나님 나라이고, 오늘 우리 기준으로는 약 2천 년 전의 하나님 나라입니다.

계시록에 묘사된 '하나님 나라-예배'는 장차 드려질 예배가 아니라, 초대교회 당시 '현재' 하나님 나라에서 드려지고 있는 예배입니다. 이와 같은 예배의 현재성은 예배의 중요한 본질입니다.

지상의 현실: 로마 제국

요한에게는 물론이고 계시록을 받은 일곱 교회에게, 하나님 나라가 '지금 현재' 존재한다는 사실은 매우 중요합니다. 당시 요한은 로마 제국의 지배 아래에서 살고 있었기 때문입니다. 요한 자신은 물론이고 교회와 성도들은 제국에게 환난과 핍박을 당하며 고된 삶을 이어가고 있었습니다. 눈앞에서 펼쳐지는 암울한 현실은 박해와 순교, 악한 세력의 흥왕, 황제의 폭압적인 통치, 성도와 교회의 궤멸에 대한 위기감으로 가득했습니다. 지상에서는 하나님의 공의, 심판, 은혜는 자취를 감춘 듯 보이고 불의와 핍박과 죄악이 횡행했습니다.

불신자들은 하나님이 어디 있느냐며 조롱하고, 교회와 성도들은 현실이 주는 불안과 좌절감에 싸여 있었습니다. 하나님이 역사를 주관하시는 창조주시라면, 하나님을 대적하고 하나님 백성을 압제하는 로마 제국의 권력자를 왜 내버려두시는지, 하나님께서 심판주로 임하여 악한 세력을 징벌하시고 메시아 나라를 다시 세우기나 하실지, 모두가 답답해 했습니다.

이 모든 불안과 불신은, 가이사가 다스리는 악한 로마 제국은 누구도 부정할 수 없는 엄연한 현실인 반면, 하나님 나라는 눈곱만큼도 나타날 기미가 없기에 생겨난 것이었습니다.

이미 존재하는 현실: 하나님 나라

그런데 요한은 분명하게 목격합니다. 하나님 나라가 지금 이미 존재하고 있다는 사실을 말입니다. 로마 황제가 최고 권력자로 세상을 통치하고 있다고 생각했는데, 사실은 하나님께서 지금 하늘 보좌에 좌정하여 말씀을 선포하시며 온 하늘과 온 땅을 다스리고 계심을 목격합니다. 온 세상이 로마 황제 앞에서 온갖 아부와 칭찬을 늘어놓는 현실만 알고 있었는데, 사실은 바로 지금 찬란하고 영광스러운 하나님 앞에서 온 하늘과 온 땅의 모든 존재들이 엎드려 경배하며 큰 소리로 찬양하고 있음을 요한은 눈으로 보고 귀로 듣고 있습니다.

하나님 나라는 언제일지 알 수 없는 먼 훗날 어슴프레하게 찾아오는 것이 아니라, 지금 이미 분명하게 존재하고 있습니다. 하나님은 어디인지 모를 곳에 무기력하게 숨어 계신 것이 아니라, 지금 보좌에 좌정하여 예배를 받으시며 온 하늘과 온 땅을 통치하고 계십니다. 요한은 하나님 나라가 엄연한 현실로 지금 이미 영광스럽게 존재하고 있음을 경험합니다.

예수님은 요한을 위로하려고 갑자기 무언가를 새롭게 창조하신 것이 아닙니다. 이미 존재하고 있는 부정할 수 없는 하나님 나라의 실재를, 요한으로 하여금 그저 보게 하실 뿐입니다. 요한은 여태껏 로마 제국과 황제 그리고 눈앞에 펼쳐지는 암울한 현실만 보며 살아왔습니다. 하지만 주님은 그의 눈을 열어 엄연한 현실로 존재하는 하나님 나라를 보게 하십니다. 지상만이 아니라 천상 역시 손으로 만질 수 있는 분명한 현실임을 알게 하십니다.

그래서 요한으로 하여금 땅에서도 하늘을 바라보는 사람, 지상의 환난 속에서도 하늘의 영광을 소망하는 사람, 비록 육체는 지상에 속해 있으나 지금 현재에도 영혼은 하늘에 속한 사람이 되게 하십니다. 하나님은 '현재-지상'과 '미래-천상,' 이 두 가지 중 하나를 포기하고 다른 하나를 선택하라고 강요하시는 게 아닙니다. 도리어 지상과 천상 두 가지가 모두 '현재'의 실재임을 똑똑히 알게 하십니다.

지금도 드려지는 '하나님 나라-예배'

우리가 살아가는 지금도 마찬가지입니다. 하나님 나라는 2천 년이 지난 현재에도 존재합니다. '하나님 나라-예배' 역시 지금도 밤낮없이 드려지고 있습니다. 우리가 눈이 어두워 보지 못하고 귀가 닫혀 듣지 못할 뿐, 우리가 지상의 것만 보고 듣겠다고 고집을 부려서일 뿐, 우리가 무엇을 하든 상관없이 지금도 하나님 나라와 이 땅에는 하나님의 하나님 되심을 고백하고 선포하는 소리가 쩌렁쩌렁 울려 퍼지고 있습니다.

우리가 예배의 기준을 '하나님 나라-예배'에 둔다는 것은, 요한이 2천 년 전에 목격한 하나님 나라를 기준으로 삼는다는 의미만이 아닙니다. 하나님 나라 예배는 지금도 드려지고 있기에, 우리는 현재(오늘이 2017년이든 2217년이든) '하나님 나라-예배'를 우리가 드리는 예배의 기준으로 삼는 것입니다.

참고로, 요한이 목격한 '하나님 나라-예배'는 언제부터 있었을까요? 아무도 알 수 없습니다. 하나님께서 태초부터 계셨고 지금도 계시고 앞으로 영원히 계실 것이기에, '하나님 나라-예배' 역시 영원 전부터 있었고 지금부터 영원까지 계속된다고 생각하는 것이 맞습니다. 그렇기에 '하나님 나라-예배'는 회당보다 먼저 있었고, 모세와 제사 제도, 아브라함보다 먼저 있어 왔습니다. 고작 500년밖에 안 된 종교개혁보다 훨씬 먼저 있어 왔습니다. 이뿐만 아니라 '하나님 나라-예배'는 앞으로도 교회보다 오래 있을 것이고, 이 지구보다 오래 있을 것입니다.

그러므로 종교개혁, 회당 모임, 성전 제사, 시내산 언약 등을 기준 삼아 예배를 운운하고 규정한다는 것은, 잘못된 잣대를 들이대는 일입니다. 예배는 오직 한 가지, '하나님 나라-예배'를 기준으로 삼아야 합니다.

천국을 지금 이 땅에서 누리게 하는 예배

우리의 예배가 '하나님 나라-예배'에서 온 것이고, 지상에서 예배드리는 것이 곧 '하나님 나라-예배'에 동참하는 것이기에, 우리가 예배를 통해 누릴 귀한 은혜들이 있습니다. 무엇보다 예배는 지금 당장 이 땅에서 하나님 나라를 누릴 수 있게 해줍니다. 하나님 나라는 '이미' 엄연한 현실로 존재하지만, '아직' 이 땅에 온전히 임하지는 않았습니다. 하지만 예배는 천국이 이 땅에 임하게 만들고, 하나님 나라를 지금 이 땅에서 일정 부분 누리게 해줍니다.

하나님 나라를 보여주는 예배

이건 어려운 내용이 아닙니다. 하나님 나라는 지금도 예배가 드려지는 곳입니다. 우리가 드리는 예배는 '하나님 나라-예배'에서 나왔고, 우리는 '하나님 나라-예배'를 기준 삼아 이 땅에서 예배를 드립니다. 그러므로 예배와 하나님 나라는 닮았습니다. 즉 예배는 하나님 나라를 보여줍니다.

그렇기에 성도와 세상 사람들은 예배를 통해 하나님 나라를 볼 수 있습니다. 달리 말해, 교회와 성도들은 예배가 하나님 나라를 닮게 해야 하고, 예배를 통해 하나님 나라를 보여줄 수 있어야 합니다.

지상 예배가 하나님 나라를 백 퍼센트 닮은 것은 아닙니다. 다른 부분도 많이 있습니다. 하지만 예배는 분명 하나님 나라와 닮아서, 그 하나님 나라를 보여줍니다.

하나님 나라 존재들의 삶을 보여주는 예배자

예배자들 역시 마찬가지입니다. 하나님 나라에는 이미 그곳에 들어가서 사는 존재들이 있습니다. 그들은 지금 하나님 나라에서 예배드리고 있습니다. 그렇기에 우리가 지상에서 예배드린다는 것은, 그들과 똑같이 행동한다는 의미입니다. 쉽게 말해, 예배드리는 것은 천국에서 살아가는 존재들과 닮은 모습을 보여주는 것입니다.

이뿐 아닙니다. 장차 천국에 들어가면, 우리는 그곳에서 완전한 예배를 드리게 될 것입니다. 그러므로 우리의 예배는 장래에 천국에 들어가서 영위할 삶을 지금 이곳에서 먼저 누리는 것이기도 합니다.

또한 우리가 이곳 지상에서 예배를 통해 누리는 은혜는, 지금 하나님 나라의 존재들이 누리고 있는 은혜이며, 우리가 장차 천국에서 누리게 될 은혜의 일부입니다. 예배는 하나님 나라의 은혜를 지금 이곳에서 누릴 수 있게 해줍니다.

물론 우리는 천상의 존재들과 백 퍼센트 똑같이 행동하지도 않고, 그들이 누리는 은혜를 질과 양적인 측면에서 백 퍼센트 동일하게 받아 누리지 못합니다. 엄청난 차이가 존재합니다. 하지만 예배드리는 우리 모습과 우리가 받아 누리는 은혜는 분명 하나님 나라의 그것과 다르지 않습니다. 그러므로 우리가 지상에서 예배드릴 때, 그것은 하나님 나라가 지상에 임하는 것입니다.

하나님 나라 예배에 동참케 하는 예배

반대의 경우도 성립합니다. 우리는 이 땅에서 드리는 예배를 통해 천상에 있는 하나님 나라에 동참합니다. 즉 예배는 우리를 하나님 나라로 올라가게 만들어줍니다. 마치 주님께서 하늘 문을 열어 요한을 하나님 나라 예배에 동참케 하신 것처럼, 우리가 예배드릴 때에도 동일한 상황이 펼쳐집니다. 비록 우리의 눈과 귀로 하나님 나라를 보고 듣는 것은 아니지만, 우리가 예배드릴 때 주님께서 우리를 위해 하늘 문을 열어 우리를 하나님 나라 예배에 동참케 하시기 때문입니다. 그래서 예배는 이 땅에 살면서도 하나님 나라에 지금 당장 동참하는 것이기도 합니다.

지금 예배드리는 자리로 나아가기

이처럼 예배는 여러 면에서 하나님 나라를 닮았습니다. 또한, 닮아야 합니다. 예배는 지금 이 땅에서 하나님 나라를 누리게 해줍니다. 비록 백 퍼센트 동일하지는 않지만, 현재 하늘에 존재하는 천국을 지금 이곳 지상에서 일정 부분 누릴 수 있게 해줍니다. 완전하지는 않지만, 예배는 천상이 지상으로 임하게 하고, 또한 미래가 현재에 임하게 해줍니다.

그러므로 하나님 나라를 지금 맛보고 싶다면 당장 예배드리는 자리로 뛰어들어야 합니다. 현실의 고통 때문에 구원이 간절하고 기쁨과 평안과 은혜가 필요하다면, 진정한 안식을 누리고 싶다면, 당연히 예배드리는 자리로 나아가야 합니다. 예배를 통해 하나님 나라에 동참할 수 있을 뿐만 아니라 하나님 나라의 완전함과 풍성함을 맛볼 수 있기 때문입니다. 예배는 이 땅에서 하나님 나라를 보게 하고 듣게 하고 맛보게 하고 누리게 해주기 때문입니다.

물론 이것은 우리 예배가 '하나님 나라-예배'를 기준 삼았을 때 가능한 이야기입니다. 그렇기에 예배를 '하나님 나라-예배'가 아닌 다른 무언가를 따라 드린다면, 성도들이 예배를 통해 하나님 나라를 누리는 것을 누군가 가로막는다면, 그 죄와 형벌은 무엇보다 중할 것입니다.

세 번째 예배

요한계시록 5:1-7

,

⁰¹ 내가 보매 보좌에 앉으신 이의 오른손에 두루마리가 있으니 안팎으로 썼고 일곱 인으로 봉하였더라

⁰² 또 보매 힘있는 천사가 큰 음성으로 외치기를 누가 그 두루마리를 펴며 그 인을 떼기에 합당하냐 하나 ⁰³ 하늘 위에나 땅 위에나 땅 아래에 능히 그 두루마리를 펴거나 보거나 할 자가 없더라 ⁰⁴ 그 두루마리를 펴거나 보거나 하기에 합당한 자가 보이지 아니하기로 내가 크게 울었더니 ⁰⁵ 장로 중의 한 사람이 내게 말하되 울지 말라 유대 지파의 사자 다윗의 뿌리가 이겼으니 그 두루마리와 그 일곱 인을 떼시리라 하더라

⁰⁶ 내가 또 보니 보좌와 네 생물과 장로들 사이에 한 어린 양이 서 있는데 일찍이 죽임을 당한 것 같더라 그에게 일곱 뿔과 일곱 눈이 있으니 이 눈들은 온 땅에 보내심을 받은 하나님의 일곱 영이더라 ⁰⁷ 그 어린 양이 나아와서 보좌에 앉으신 이의 오른손에서 두루마리를 취하시니라

하나님 앞에 은혜가 필요한 피조물로 서다

장면1: 예배 시작 상황

계시록의 첫 번째 예배는 요한이 지상 밧모섬에서 드린 예배입니다(1-3장). 두 번째 예배는 당시 이미 현실로 존재하는, 하나님 나라에서 드려지는 예배입니다(4장).

두 번째 예배를 목격한 요한은 아직 하나님 나라에 머물러 있고, 장래에 지상과 하나님 나라에서 일어날 일들에 대한 계시를 받기 시작합니다. 그리고 이와 맞물려 하나님 나라에서 드려지는 세 번째 예배를 목격합니다(5장). 계시록에 나오는 세 번째 예배 역시 예배 시작 상황(장면1), 예배받으시는 분(장면2), 예배자(장면3) 이렇게 세 장면으로 구성되어 있습니다.

내게 필요한 것을 하나님께서 갖고 계심을 보다

원래 요한은 장래에 일어날 일들을 계시받기 위해 하나님 나라에 올라왔습니다. 마침 요한은 장래에 일어날 일들이 기록된 두루마리를 발견합니다. 물론 요한은 그 두루마리가 꼭 필요합니다. 하지만 그것은 일곱 번이나 봉인되어 있고, 더군다나 보좌에 계신 하나님께서 오른손으로 쥐고 계십니다.

요한은 예전에는 이런 두루마리가 있다는 것을 몰랐고, 자신에게 그것이 필요하다는 사실도 몰랐습니다. 뿐만 아니라 그것을 하나님께서 갖고 계시다는 사실은 더욱 몰랐습니다. 그는 하나님 나라에 들어오고 예배를 목격하기 시작하면서 이 모든 사실들을 깨닫습니다. 예배를 목격하고 하나님 나라를 맛보고 하나님이 어떤 분이신지를 깊이 알고 나서, 요한은 자신에게 무엇이 가장 필요한지 비로소 알게 됩니다. 자신에게 어떤 은혜가 필요한지 깨닫기 시작하는 것, 자신이 핍절한 상황임을 절실히 인식하는 것, 이것이 예배가 시작되는 상황입니다. 자신이 텅 빈 존재임을 깨닫고 고백하는 것에서 예배는 시작됩니다.

큰 소리로 우는 요한

문제가 있습니다. 누구도 그 두루마리를 하나님에게서 가져올 방법이 없습니다. 요한은 자신이 그 두루마리를 가져올 수 없다는 사실을 깨닫습니다. 이뿐 아닙니다. 요한의 시선이 두루마리에 고정되어 있을 때, 힘있는 천사가 나타나 "누가 그 두루마리를 펴며 그 인을 떼기에 합당하냐"라고 큰 음성으로 외치며 두루마리의 인을 떼고 펼쳐 읽는 데 도움을 줄 만한 존재를 찾습니다. 하지만 하늘 위에나 땅 위에나 땅 아래에도 그 일을 감당할 자가 없습니다.

계시록은 분명하게 기록합니다. 지상은 물론이고 하나님 보좌 가까이에 있던 네 생물과 이십사 장로들, 심지어 힘있는 천사도 하나님의 오른손에서 두루마리를 가져올 수 없다고 말입니다.

요한은 그 두루마리가 필요하지만, 그것을 얻을 방법이 없습니다. 다시 말해, 요한에게 필요한 은혜를 하나님께서 갖고 계시고 하나님만이 주실 수 있음을 깨닫지만, 그 두루마리, 그 은혜를 받을 방도가 전혀 없습니다. 설령 두루마리를 가져온다 하더라도 일곱 개나 되는 봉인을 뜯고 두루마리를 펼칠 수도 없습니다.

요한은 큰 소리로 울며 통곡합니다. 은혜가 절실하고 그 은혜가 눈앞에 보이지만 얻을 방법이 없기 때문입니다.

하나님 앞에 피조물임을 깨닫는 것

하나님은 전능하고 영광스러운 하나님이시며, 반면 자신은 하나님 앞에서 아무 자격 없고 무능한 피조물임을 요한은 지금 선명하게 깨닫습니다. 많은 기도와 헌신, 탁월한 지식과 경륜을 쌓아도, 하나님 앞에서 도무지 자격 없는 피조물임을 요한은 철저히 깨닫습니다. 통곡할 만큼 처절하게 깨닫습니다. 이것이 세 번째 예배가 시작되는 상황입니다.

어쩌면 요한은 지상에 있는 동안 하나님을 위해 자신이 뭔가 대단한 일을 한다고 생각했을지 모릅니다. 혹은 하나님의 응답을 받을 만큼 자신이 뭔가 가치 있는 일을 할 수 있다고 자신했을지 모릅니다. 그러나 지금은 전혀 아닙니다. 요한은 아무것도 할 수 없음을 뼈저리게 깨닫고 있습니다. 아무것도 할 수 없다는 것이 그가 식물인간 상태라는 의미가 아닙니다. 자신이 피조물임을 온전히 깨닫고 있다는 의미입니다.

요한은 하나님이 어떤 분이신지 정확히 알 뿐 아니라, 그에 비해 자신이 어떤 존재인지 뼈저리게 깨달아 그에 합당한 모습으로 반응하고 있습니다. 가난한 마음으로 겸손한 태도를 취하고 있습니다. 하나님 앞에서 자신이 피조물임을 깨닫는 것, 이것이 바로 예배가 시작되는 지점입니다.

피조물이 하나님 나라에 들어간다는 것

하나님 나라에 대한 오해 중 한 가지는, 하나님 나라는 성도인 우리가 원하는 것은 무엇이든 할 수 있는 곳이라는 생각입니다. 저도 어린 시절에는 하나님 나라를 생각하면서, 길바닥이 황금으로 되어 있는 그곳에 가면 하늘을 날아다니고 맛있는 바나나도 실컷 먹을 수 있을 거라고 기대했습니다. 그곳에 가면 내가 울트라맨이나 슈퍼맨이 될 거라고 생각했습니다. 나의 소원, 나의 기대, 나의 계획, 심지어 나의 욕심이 몽땅 실현되는 곳이 하나님 나라라는 생각, 성도라면 한 번쯤 해보았을 법합니다. 심지어 하나님 나라에 가면 우리가 하나님처럼 될 거라는 기대를 갖는 이들도 있습니다.

정말 그럴까요? 천만에요. 전혀 그렇지 않습니다. 대단히 잘못된 오해입니다. 하나님 나라는 피조물이 다른 존재가 아니라 온전한 피조물이 되는 곳입니다. 하나님 나라는 하나님께서 창조주로서 피조물에게 온전한 예배를 받으시는 곳입니다.

분명 하나님 나라는 완전한 곳이고 모든 것이 성취되는 곳입니다. 그러나 성취되는 것은 오직 하나님의 뜻과 생각입니다. 우리는 피조물로서 온전한 존재가 되고, 하나님은 어제나 오늘이나 영원히 하나님으로 계시기 때문입니다.

성령의 감동을 통해 은혜를 구하며 통곡하는 피조물

요한처럼, 자신에게 은혜가 필요하다는 사실을 절실히 깨닫는 사람, 오직 하나님만이 유일한 공급자가 되신다는 사실을 뼈저리게 인정하는 사람이 진정한 예배자가 될 수 있습니다. 자신이 어떤 존재이고 무엇이 필요한지 깨닫지 못하면, 그는 온전한 예배자가 될 수 없습니다. 수많은 금식 기도와 헌신을 했다는 이유로 자신을 자랑할 만한 존재로 여기거나 고개가 뻣뻣해져 있다면, 그는 결코 온전한 예배자가 될 수 없습니다.

앞서 나온 '밧모섬-예배'와 '하나님 나라-예배'는, 모두 예배자가 성령에 감동되면서 시작됩니다. 비록 이번에는 분명하게 설명하고 있지 않지만, 요한은 이전과 마찬가지로 성령에 감동된 모습으로 예배를 시작하고 있습니다. 성령님께서 요한으로 하여금 진리를 깨닫게 하시기 때문입니다.

성령의 감동하심만이 예배자로 하여금 자신이 얼마나 가난하며 은혜가 필요한 존재인지 깨닫게 합니다. 성령의 감동하심만이 "저는 은혜가 필요합니다"라고 고백하게 이끕니다. 성령의 감동하심만이 오직 하나님이 은혜를 베푸시는 분임을 깨닫게 합니다. 지금 요한은 이런 모습으로 예배를 시작합니다. 물론 우리도 요한과 같은 모습으로 예배를 시작해야 합니다.

아, 하나님 앞에서 우리가 얼마나 부족한 피조물인지 깨닫지 못한다면, 하나님 앞에서 우리가 얼마나 무력한 존재인지 절감하지 못한다면, 그래서 통곡하는 가난한 마음이 없다면, 어떻게 온전한 예배자가 될 수 있겠습니까?

하나님 오른손에서 두루마리를 취하시다

장면 2: 예배받으시는 분

한 장로의 선포

요한이 크게 울고 있을 때, 하나님 보좌 가까이에 있던 이십사 장로 중 한 사람이 울지 말라고 위로를 건네면서, 예배의 다음 장면이 전개됩니다. 여기에서 장로는 귀가 번쩍 뜨이는 놀라운 선포를 합니다.

> 유대 지파의 사자 다윗의 뿌리가 이겼으니
> 그 두루마리와 그 일곱 인을 떼시리라(5:5).

하나님 오른손에 있던 일곱 봉인 된 두루마리를 가져와 펼칠 이가 아무도 없을 줄 알았는데, 이 일을 행하실 분이 있다고 선포한 것입니다.

장로는 마치 시상식에서 긴장된 목소리로 수상자를 발표하듯, 막 시작된 세 번째 예배에서 누가 예배받으시는 분인지를 명확하게 알립니다. 그분이 어떤 일을 행하실지도 선포합니다. 그분은 요한에게 절대적으로 필요하지만 아무도 가져다 줄 수 없었던 은혜, 하나님 오른손에 있는 두루마리를 가져와 일곱 봉인을 떼는 은혜를 베푸실 유일한 분이십니다.

그분은 다름 아닌 예수 그리스도십니다. 부활하고 승천하여 하나님 보좌 우편에 앉으신 영광스러운 주님이 예배받으시는 분이라고 장로는 선언하고 있습니다.

설교를 듣는 요한

이 선포는 예배 한가운데 있던 요한을 향한 메시지입니다. 그렇기에 예배 설교입니다. 원래 예배 설교는 예배받으시는 분께서 행하십니다. 하지만 이번에는 예배자 중 한 사람인 장로가, 다른 예배자 요한에게 예배 설교를 행합니다. 예배 설교를 통해 위로와 권면을 전하고, 더불어 예배받으시는 분이 누구신지, 어떤 일을 행하실지, 예배자 요한이 어떤 은혜를 누리게 될 것인지도 선포합니다.

어쩌면 요한은 지상에서 탁월한 설교자였을지 모릅니다. 그러나 이 장면에서만큼은 설교를 듣는 청중입니다. 그는 예수님께서 이 상황을 해결하실 수 있다는 온전한 지식이 없고, 확고한 신뢰도 없으며, 당연히 주님께 이 문제를 해결해 달라고 기도하지도 않습니다. 요한은 하나님 나라에 계시는 예수님이 어떤 분이신지 아직 잘 모르고 있습니다. 그래서 그는 주님에 대해, 주님이 베푸실 은혜에 대해 풍성하고 온전하게 알고 있는 다른 예배자에게 설교를 들어야만 했습니다.

이처럼 예배 설교는 주님(에 관한 진리)을 보다 깊고 정확하게 알고 있는 예배자가, 주님을 아는 일에 아직 미숙한 다른 예배자에게 행하기도 합니다. 오늘날 우리가 예배 시간에 행하고 듣는 설교는 바로 이와 같은 예배 설교입니다.

예배를 받으시는 예수 그리스도

장로 중 한 명이 고백과 선포 형식으로 예배 설교를 행한 직후, 요한은 일찍 죽임을 당한 것처럼 보이는 "한 어린 양"을 목격합니다. 그분은 예수 그리스도십니다.

'밧모섬-예배'와 '하나님 나라-예배' 때와 마찬가지로, 이번에도 예수 그리스도께서 임재하시고 그 영광을 나타내심으로 예배가 본격적으로 시작됩니다. 예수 그리스도는 하나님 보좌, 그 주위에 둘러 있던 네 생물과 이십사 장로들 사이에 계십니다. 두루마리의 봉인을 떼실 유일한 분으로 선포된 그분, 앞서 밧모섬에서 뵈었던 그 영광스러운 예수 그리스도께서 지금 하나님 나라에서 예배받으시는 분으로 요한의 눈앞에 다시 임재해 계십니다.

하나님 오른손에서 두루마리를 취하시는 예수 그리스도

어린 양께서 하나님 앞으로 나아옵니다. 그리고 보좌에 앉으신 하나님 오른손에서 두루마리를 직접 취하십니다. 요한에게 필요한 은혜, 그러나 아무도 요한에게 가져다 줄 수 없던 그 은혜를, 오직 한 분 어린 양께서 하나님 오른손에서 가져오십니다. 요한은 이 놀라운 장면을 직접 목격합니다.

> 그 어린 양이 나아와서 보좌에 앉으신 이의

오른손에서 두루마리를 취하시니라(5:7).

우리는 얼핏 하나님께서 예수님께 두루마리를 내주신 것처럼 이해할지도 모릅니다. 높은 사람이 아랫사람에게 툭 던지듯, 보좌에 앉은 왕이 무릎 꿇고 고개 숙인 신하에게 하사하듯, 그렇게 하나님께서 두루마리를 주님께 내주신 것으로 생각할지도 모릅니다.

그렇지 않습니다. 헬라어 성경은 "나아와서"란 표현을 능동태 동사로 기록합니다. 하나님께서 부르시는 것이 아니라 어린 양께서 능동적으로 뚜벅뚜벅 하나님 앞으로 나아가시는 것입니다. "취하시니라" 역시 마찬가지로 능동태입니다. 하나님께서 내주시는 것이 아니라 어린 양 예수 그리스도께서 두루마리를 하나님 오른손에서 직접 가져오시는 것입니다. 그래서 계시록은 '받아왔다'고 기록하지 않고 문자 그대로 '취하셨다(가져오셨다)'고 기록합니다.

지금 요한은 상상도 못한 장면을 목격하고 있습니다. 하늘과 땅에 있는 그 누구도 할 수 없는 일, 하나님 오른손에서 두루마리를 가져오는 일을 예수 그리스도께서 당당하게 행하시는 장면을 두 눈으로 똑똑히 보고 있습니다.

주님께서 베푸시는 은혜

이 장면이 중요한 이유는, 그 두루마리가 요한에게 절대적으로 필요한 것이기 때문입니다. 요한은 여태껏 모르다가 이제야 자신에게 필요한 은혜가 하나님 오른손에 있음을 알게 되었고, 동시에 이를 얻을 방법이 전혀 없다는 비통한 현실도 깨달았습니다. 그런데 어린 양이신 예수 그리스도께서 '요한을 위하여' 그리고 '요한을 대신하여' 창조주이신 하나님 아버지로부터 그 두루마리를 가져오십니다.

주님은 이런 행동을 통해 크게 울고 있던 요한의 눈물을 단번에 씻으시고, 그의 슬픔을 기쁨으로 바꾸시며, 그의 필요를 완전하게 채워 주십니다. 예수님께서 요한에게 필요한 은혜를 하나님으로부터 취하여 그에게 베풀어 주시는 것입니다.

두루마리뿐이 아닙니다. 요한과 우리에게 필요한 모든 것을 하나님께서 갖고 계십니다. 영생, 안식, 평안 등 모든 것이 하나님 오른손에 있습니다. 이 모든 것 역시 오직 주님만이 나아가 취하여 우리에게 베풀어 주십니다.

유일하고 완전한 중보자이신 주님

우리는 여기서 중보의 완벽한 그림을 봅니다. 중보란, 우리에게 반드시 필요하지만 우리 힘으로는 결코 얻을 수 없는 것을, 예수 그리스도께서 하나님 아버지께 나아가시고 취하여 우리에게 은혜로 베푸시는 것입니다. 주님은 지상뿐 아니라 하나님 나라에서도 성도를 위한 유일한 중보자가 되십니다. 이 일은 누구도 대신하지 못합니다.

구약 시대에는 모세가 언약 중보자로 사역했습니다. 그러나 그는 하나님 보좌 앞에 나아가 율법을 가져오지(취해 오지) 않았습니다. 그는 하나님 나라에 올라갈 수도 없었습니다. 그렇기에 그가 목숨을 내놓고 히브리인들을 위해 중보자로 사역했다 하더라도, 그것은 지금 예수님께서 두루마리를 취하신 것과는 비교가 불가능한 낮은 차원의 일입니다.

예수 그리스도는 예배받으시는 분입니다. 그렇다면 예배받으시는 예수님은 무엇을 행하십니까? 앞서 두 번의 예배 장면에서 하나님과 주님은 말씀을 선포하십니다. 예배 설교를 행하십니다. 지금 이 장면에서는 예배자에게 필요한 은혜, 그러나 예배자 자신의 힘으로는 결코 얻을 수 없고 다른 누구도 가져다주지 못하는 은혜를 베푸는 역사를 행하십니다.

정리해 봅시다. 하나님 나라에 있는 장로 중 한 명이 예배 설교를 통해 예수 그리스도가 누구신지 선포하고, 그 후 주님께서 성도 요한에게 필요한 은혜를 베풀어 주십니다. 이것이 하나님 나라에서 펼쳐지는 세 번째 예배 장면입니다.

여전히 은혜가 필요한 성도 & 완전한 은혜를 베푸시는 주님

하나님 나라에 가면 우리는 더 이상 아무 도움이 필요하지 않을까요? 천만에요. 우리는 하나님 나라에 가더라도 여전히 하지 못하는 일들이 있고, 여전히 은혜가 필요한 피조물입니다. 하나님 나라에서도 여전히 예수 그리스도만 행하시는 일들이 있고, 오직 주님만 베푸시는 은혜가 있습니다.

하나님 나라가 모든 부분에서 완전하고 모든 말씀이 성취되는 장소인 이유는, 천국에 올라간 성도들이 전지전능한 신으로 탈바꿈하기 때문이 아닙니다. 오직 예수 그리스도께서 완전하고 은혜로운 중보자가 되어 주시기 때문입니다. 그곳에 들어간 모든 성도는, 자신에게 본질적으로 무엇이 필요한지를 온전히 아는 자들이 되고, 자신에게 절실한 은혜가 하나님 손에 있음을 보는 자들이 되며, 동시에 오직 한 분 예수 그리스도를 통해 아름답고 충만한 중보를 받아 누리는 자들이 됩니다. 그래서 천국은 완전하고 아름다운 곳입니다.

물론 우리는 이 땅에서 살아가는 동안에도 예수 그리스도께서 중보하며 베푸시는 은혜를 누립니다. 우리 모두는 예수 그리스도께서 2천 년 전 감당하신 십자가 고난을 통해 이미 구원을 받고, 지금도 그분이 하나님 보좌 우편에 계시면서 우리를 위해 행하시는 중보를 통해 은혜를 누리고 있습니다.

하지만 우리가 욕심에 사로잡혀 있기 때문이든, 주님에 대한 지식과 믿음이 부족하기 때문이든, 아니면 주님의 때가 아직 이르지 않아서든, 교회와 성도들이 이 땅에서 받아 누리는 은혜는 종종 제한적이거나 불완전한 경우가 많습니다.

하나님 나라에서는 결코 그렇지 않습니다. 하나님 나라는 성도들이 가난하고 겸손한 마음으로 주님을 직접 바라보는 곳입니다. 주님의 주님 되심에 대한 지식이 물이 바다를 덮음같이 흘러 넘치는 곳입니다. 성도의 어떤 부족함도 주님께서 채우신다는 완전한 믿음과 소망이 있는 곳입니다. 또한 하나님 나라는 모든 성도가 주님 뜻에 합당하게 기도하는 곳이며, 동시에 성도의 모든 기도와 바람이 하나도 땅에 떨어지지 않고 완전하게 응답되는 곳이기도 합니다. 천국에서는 믿음을 갖는 데 실패하는 일이 없고, 주님께 믿음을 품었다가 낙담하는 일도 결코 일어나지 않습니다.

예배, 주님께서 베푸시는 하늘의 은혜를 받아 누리는 통로

하나님 나라에서 드려지는 예배만이 아니라 이 땅에서 드리는 예배에서도 우리는 주님의 중보자 되심을 풍성히 받아 누립니다. 성도는 예배자로 하나님 앞에 서면 자신에게 진정 필요한 것이 무엇인지 깨닫고, 또한 예배를 드리면서 오직 주님께서 하나님 오른손에서 취하시는 은혜들을 받아 맛볼 수 있습니다. 교회와 성도들은 예배받으시는 분인 예수 그리스도께서 베푸시는 하늘의 은혜를 그 예배를 통해 받아 누립니다. 그러므로 하나님 나라를 경험하기 원한다면, 주님의 완전한 중보자 되심을 알려 한다면, 하나님 오른손에 있는 은혜를 맛보기 원한다면, 예배드리는 자리로 나아가야 합니다.

하나님 나라의 모든 존재가
예수님께 예배드리다

장면 3: 예배자

예배자 1: 네 생물과 이십사 장로들

예수 그리스도께서 하나님 오른손에서 두루마리를 취하시자 예배자들이 일제히 주님께 예배를 드립니다. 앞서 두 번의 예배 때와 마찬가지로 지금도 예배자들의 예배 행위가 예배의 마지막 장면으로 나옵니다. 모두 세 그룹의 예배자들이 등장해 예배를 드립니다. 그중 먼저 예배를 드린 예배자는 네 생물과 이십사 장로들입니다.

그 두루마리를 취하시매

네 생물과 이십사 장로들이

그 어린 양 앞에 엎드려

각각 거문고와 향이 가득한 금 대접을 가졌으니

이 향은 성도의 기도들이라

그들이 새 노래를 불러 이르되(5:8-9).

네 생물과 이십사 장로들은 모두 예수 그리스도 앞에 '엎드립니다.' 이것은 단순한 존경의 표시가 아니라 경배하는 행위입니다. 앞선 예배에서도 이들은 하나님께 엎드렸는데 지금은 예수 그리스도께 동일하게 엎드려 경배를 드립니다.

이들은 '새 노래'로도 주님을 찬양합니다. 이 부분이 세 번째 예배에서 두드러지는 대목입니다. 이제까지는 찬양이 드려진 적이 없기 때문입니다. 예수 그리스도께 드리는 예배에서는 지금만이 아니라 앞으로도 계속해서 찬양이 드려집니다. 계시록 14장에는 어린 양께서 시온산에 서 계시고 주님과 함께 있던 십사만 사천이 새 노래를 부르는 장면이 나옵니다. 뒤이어 15장에도 짐승과 그 짐승 우상과 그 이름을 상징하는 숫자를 이기고 벗어난 자들이 유리 바다 위에 서서 하나님의 거문고를 가지고 어린 양의 노래를 부르는 장면이 나옵니다. 이들 역시 주님을 찬양합니다.

찬양, 주님께서 베푸신 과거-현재-장래의 은혜

요한은 이들이 주님께 어떤 찬양을 드리는지 가사를 기록합니다. 어떤 예배에서나 고백이든 선포든 혹은 찬양이든 그 안에 담긴 내용이 가장 중요합니다.

> ① 두루마리를 가지시고 그 인봉을 떼기에 합당하시도다
> ② 일찍이 죽임을 당하사 각 족속과 방언과 백성과 나라 가운데에서 사람들을 피로 사서 하나님께 드리시고
> ③ 그들로 우리 하나님 앞에서 나라와 제사장들을 삼으셨으니 그들이 땅에서 왕 노릇 하리로다(5:9-10).

네 생물과 이십사 장로들은 예수 그리스도께서 베푸시는 구원과 은혜를 세 가지 내용으로 찬양합니다. 우선 주님께서 하나님 나라에서 요한을 위해 행하시는 일(두루마리를 가져다 인봉을 떼시는 일)을 찬양합니다. 예수님께서 '현재' 베푸시는 은혜에 대한 찬양입니다. 그리고 주님께서 지상에서 십자가에 달려 죽으시고, 이를 통해 혈통과 상관없이 모든 족속과 방언과 백성과 나라 가운데서 사람들을 구원하신 것을 찬양합니다. 이는 주님께서 '과거'에 베푸신 구원의 은혜에 대한 찬양입니다.

마지막으로 예수님께서 구원받은 자들을 나라와 제사장들로 삼으시고 이 땅에서 왕 노릇하게 하실 것을 찬양합니다. 이는 주님께서 '장래'에 베푸실 은혜에 대한 찬양입니다.

즉 네 생물과 이십사 장로들은 예수 그리스도께서 구원받은 성도들을 위해 과거와 현재와 장래에 행하셨고, 행하시고, 행하실 구원의 은혜를 찬양합니다.

예배받으시는 분만 높이는 찬양

이런 찬양 내용은 기본적으로 두 번째 예배 때 하나님께 고백하고 선포한 내용과 비슷합니다. 앞선 예배 때에도 오직 예배받으시는 분이신 하나님만 고백하고 선포하고, 내용에 있어서는 하나님께서 전에도 계셨고(과거) 지금도 계시며(현재) 장래에도 계실 분(미래)임을 선포합니다. 세 번째 예배에서도 예배자들은 마찬가지로 오직 예배받으시는 분인 예수 그리스도만을 찬양하며, 내용에서도 주님이 베푸시는 과거-현재-장래의 은혜를 노래합니다.

무엇보다 지금 등장한 네 생물과 이십사 장로들은 앞서 두 번째 예배에서 하나님께 예배드리던 예배자들입니다. 그런데 이들은 지금 예수 그리스도께 예배드립니다. 자세히 살펴보면, 앞서 두 번째 예배에서 하나님께 예배드리는 모습보다 지금의 모습이 좀 더 적극적입니다. 앞에서는 네 생물이 엎드렸다는 기록이 없는데 지금은 주님께 엎드리고, 앞에서는 악기가 사용되지 않고 기도 역시 등장하지 않았는데 지금은 예배자들이 각각 거문고와 성도의 기도가 담긴 금 대접을 들고 나아옵니다. 더욱이 지금은 찬양이 등장합니다. 요약하면, 지금 예수 그리스도께 드려지는 경배와 찬양은 앞서 하나님께 드려지는 예배와 비교할 때, 형식에서는 동일하지만 내용에서는 좀 더 구체적이고 적극적입니다.

여하튼 네 생물과 이십사 장로들은 예수 그리스도께 '경배와 찬양'을 드립니다. 이것이 바로 예배자들이 주님께 예배드리는 모습이고, 우리가 주님께 드려야 마땅한 예배 모습이기도 합니다.

예배자 2: 많은 천사들

예수 그리스도께 드려지는 찬양은 여기서 끝나지 않습니다. 연이어 더 놀라운 장면으로 주님을 향한 찬양이 이어집니다.

수를 헤아릴 수 없는 "많은 천사들"이 또 다른 예배자로 등장하기 때문입니다.

> 내가 또 보고 들으매
> 보좌와 생물들과 장로들을 둘러선
> 많은 천사의 음성이 있으니 그 수가 만만이요 천천이라
> 큰 음성으로 이르되 죽임을 당하신 어린 양은
> 능력과 부와 지혜와 힘과 존귀와 영광과
> 찬송을 받으시기에 합당하도다 하더라(5:11-12).

많은 천사들은 앞서 하나님을 찬양할 때는 없었는데 지금 예수님을 찬양하는 장면에서는 등장합니다. 이들은 하나님 보좌, 네 생물, 이십사 장로들을 둘러서 있고, 그 수가 헤아릴 수 없이 많습니다. 요한은 처음에는 천사들이 '많다'고 하다가 이후에는 "그 수가 만만이요 천천"이라고 합니다. 만만은 일만 곱하기 일만이란 뜻이므로 1억이고, 천천은 100만입니다.

죽임 당하신 어린 양을 찬양하다

만만이요 천천인 천사들 역시 오직 예수 그리스도 한 분만을 찬양합니다. "죽임을 당하신 어린 양"께서 베푸신 구원과 은혜를 노래하며 오직 주님만이 "능력과 부와 지혜와 힘과 존귀와 영광과 찬송을 받으시기에 합당"하다고 선포합니다.

많은 천사들은 "큰 음성"으로 찬양합니다. 장엄한 합창곡을 들어본 적이 있습니까? 저는 중학생 시절 어느 교회에서 오케스트라 연주에 맞춘 성가대의 합창을 처음 듣고 받은 감동을 아직도 잊지 못합니다. 신학대학원에 입학하여 첫 예배를 드리던 때도 기억납니다. 천 명이 넘는 전도사들이 저마다 화음을 넣어 찬송을 부르는데 얼마나 감격스럽던지요.

하지만 지상에 존재하는 그 어떤 합창도 지금 요한이 눈앞에서 목격하는 많은 천사들의 합창과는 비교할 수 없습니다. 규모에서도 비교가 안 되고 찬양의 아름다움에서도 비교가 안 됩니다. 파바로티 1억 명이 합창하는 것보다 더 장엄하고 아름다운 찬양이 지금 예수 그리스도를 향해 울려 퍼지고 있습니다.

예배자 3: 하나님 나라의 모든 피조물

네 생물과 이십사 장로들, 많은 천사들 외에 또 다른 예배자들이 있습니다. 요한은 하늘과 땅과 바다뿐만 아니라 그 가운데 있는 "모든 피조물"이 예배자가 되어 주님께 예배드리는 것을 목격합니다.

> 내가 또 들으니
> 하늘 위에와 땅 위에와 땅 아래와 바다 위에와
> 또 그 가운데 모든 피조물이 이르되(5:13).

요한은 하나님 나라에 있습니다. 그러므로 여기서 하늘과 땅과 바다라고 지칭한 곳들은 지상이 아니라 하나님 나라의 하늘과 땅과 바다입니다. 모든 피조물이 구체적으로 어떤 존재인지는 설명하지 않지만 요한이 목격한 모든 피조물 역시 하나님 나라에 존재하는 피조물입니다. 혹시 하나님 나라에 돌멩이, 나무, 새, 강아지, 사슴, 호랑이 등이 있다면 이 모든 생물과 무생물도 여기에 포함됩니다.

결국 요한은 하나님 나라 전부가 예배자가 되어 예수 그리스도를 찬양하는 장면을 목격하고 있습니다. 하나님께서 창조하신 하나님 나라의 모든 장소들, 주님께 구원받아 하나님 나라에 있게 된 모든 피조물이 예수 그리스도를 찬양하고 있습니다. 단지 몇몇 존재가 아니라 성전인 하나님 나라 전체가 예배자가 되어 주님께 찬양을 드립니다.

이들 역시 오직 예배받으시는 분, 즉 보좌에 앉으신 이와 어린 양에게만 찬송과 존귀와 영광과 권능을 세세토록 돌려드리는 찬양을 드립니다(5:13).

오직 예수 그리스도만 높이는 예배

세 번째 예배는 예배가 무엇인지를 아주 단순하고 분명하게 보여줍니다. 처음에는 네 생물과 이십사 장로들, 그 다음에는 그 수가 만만 천천인 천사들, 그리고 마지막에는 하나님 나라 전체가 예수 그리스도께 '경배와 찬양'을 드리고 있습니다. 이것이 예배입니다. 지상에 있는 우리도 주님께 이와 같이 경배하고 찬양하며 예배드려야 합니다. 오직 주님만 높여드려야 합니다.

예배에 관한 몇 가지 기준

예배받으시는 분: 예수 그리스도

계시록 세 번째 예배에서 모든 예배자의 경배와 찬양은 단 한 번도 예외 없이 예수 그리스도께 드려집니다.

어떤 이들은 예배는 성부 하나님께 드리는 것이며 찬양과 기도 역시 하나님께만 드려야 한다고 생각합니다. 그러나 그렇지 않습니다. 계시록에서 보듯, 예수 그리스도는 지금도 하나님 나라에서 모든 예배자들로부터 경배와 찬양으로 예배를 받고 계십니다.

계시록은 첫장 맨 앞부분에서부터 우리를 나라와 제사장으로 삼으신 예수 그리스도께 영광과 능력이 세세토록 있기를 원한다는 고백으로 시작합니다(1:5-6). 그뿐 아니라 계시록 전체가 예수 그리스도의 계시라는 선언으로 시작합니다. 주님은 하나님이며 예배받으시는 분입니다.

하나님 앞에서 예수님께 드리는 찬양

예수님이 예배받으시는 분임은 몇몇 사소한 사실들을 통해서도 확인할 수 있습니다. 우선, 하나님께 예배드리는 장면과 예수 그리스도께 경배와 찬양을 드리는 장면을 비교해보면 차이가 없습니다. 오히려 예수님께 찬양을 드린 예배자들의 수가 훨씬 많습니다. 만만 천천의 천사들, 하나님 나라의 모든 피조물이 예배자로 등장하니까요.

이뿐만이 아닙니다. 예수님께 경배와 찬양으로 드리는 예배는 하나님 보좌 앞에서 진행됩니다. 하나님께서 모든 것을 보고 계신 상황에서, 예배자들은 거리낌없이 예수님께 경배와 찬양을 드립니다. 이 세상에서조차 할아버지 앞에서는 아버지를 존대하는 표현을 하지 않는 법입니다. 며느리는 시아버지 앞에서 자기 남편을 "아비가…"라고 낮추어 호칭합니다.

그러나 하나님 나라에서는 하나님 바로 목전임에도 불구하고 예수 그리스도를 낮추어 호칭하거나 낮은 수준으로 찬양하지 않습니다. 동등하게 예배드립니다. 성부 하나님과 성자 예수 그리스도는 동일하게 예배받으시는 분입니다. 우리 주님은 단순히 어떤 직무를 감당하는 대행자가 아니라 예배받으시는 분이십니다. 하나님이십니다.

예배의 구성 요소: 경배와 찬양

계시록에는 세 번의 예배가 나오고, 그중 두 번은 '하나님 나라-예배' 모습을 담고 있습니다. 우리는 이를 통해 예배가 어떻게 구성되고 전개되는지 알 수 있습니다.

예배에는 예배받으시는 분인 하나님과 예수 그리스도가 한편에 계시고, 예배드리는 예배자들이 다른 한편에 있습니다. 하나님과 예수 그리스도는 예배 가운데 임재하시고, 말씀을 선포하시며, 은혜를 베풀어(중보해) 주십니다. 예배자들은 엎드려 절하면서 경배하고, 고백과 선포를 하고, 큰 목소리로 찬양을 올려드립니다. 이것이 예배의 구성 요소이자 예배 순서입니다.

예배받으시는 분	예배자
예배 가운데 임재하시다	엎드려 절하다(경배하다)
말씀을 선포하시다	고백하고 선포하다
은혜를 베푸시다(중보하시다)	큰 목소리로 찬양하다

이것이 예배입니다. 그러므로 이것과 상관 없는 예배의 모습은 예배의 본질적인 요소가 아닙니다. 우리가 드리는 예배에는 회개 기도, 헌금, 광고, 축도 등이 순서에 들어가 있습니다. 어떤 교회는 비전 선포 시간을 순서에 넣기도 하고, 사도신경을 넣거나 빼기도 합니다. 하지만 이런 요소들은 예배의 본질을 결정하는 핵심이 아닙니다.

물론 하나님 나라에서 드려지는 예배와 이 땅에서 드리는 우리의 예배는 현실적으로 여러 면에서 차이가 있습니다. 하지만 '하나님 나라-예배'에 들어 있지 않은 순서들은 예배에 넣어도 좋고 빼도 그만인 부수적 요소입니다. 우리는 예배에서 무엇이 핵심이고 본질인지를 '하나님 나라-예배'를 기준으로 판단해야 합니다.

예배 찬양: 오직 예수님께만

예배자들은 크게 세 가지 범주로 구분되는 행동으로 예배를 드립니다. ① 엎드려 절하며 경배하고 ② 고백적 선포를 하고 ③ 찬양을 합니다. 이 중 찬양과 관련해 몇 가지를 좀 더 짚어 보고자 합니다.

무엇보다 예수님께 드려지는 찬양은 길거리에서 흥얼거리는 것이 아니라 명확하게 예배 중에 울려 퍼집니다. 이것이 예배 찬양입니다. 다윗이 옷이 벗겨지는 줄도 모르고 춤추며 찬양했던 것은 성전 안에서가 아니라 길 위에서였습니다. 이처럼 길 위에서 부르는 찬양도 있지만 예배를 드리며 부르는 찬양도 있습니다.

평소 개인적으로나 성도들과 어울릴 때 부르는 찬양과 예배 시간에 부르는 찬양을 구별한다면, 예배 찬양은 마땅히 계시록에 나오는 예배 찬양을 기준으로 삼아야 합니다. 즉 '예수님께' 올려드리는 찬양이 예배 찬양의 핵심이고 기준입니다.

찬양의 대상 : 예수 그리스도

예배 시간에는 오직 한 분 예배받으시는 분께만 찬양해야 합니다. 하나님 나라에서는 지금도 예수님만이 예배받으시는 분으로 경배와 찬양을 받고 계십니다. 이 기준으로 보면 예배 찬양과 관련된 중요한 사실들을 배울 수 있습니다.

우선 예배 찬양은 예수 그리스도와 그분이 우리에게 베푸시는 구원과 은혜를 노래하는 것이어야 합니다. 성도의 마음을 표현하거나 성도를 격려하고 위로하는 내용, 혹은 성도의 간증도 얼마든지 찬양으로 불릴 수 있습니다. 그러나 예배 때 부르는 찬양은 본질적으로 하나님 나라에서 드려지는 예배의 찬양을 닮아야 합니다. 예배자들의 마음을 표현하기보다는 예수 그리스도를 높이는 찬양이어야 합니다.

시편 찬양 vs 예수 그리스도 찬양

시편 찬양에 대해 잠시 살펴봅시다. 종종 시편을 찬양곡으로 만들어 사용하는 경우가 있습니다. 너무 가볍거나 요란한 음악을 피하기 위해서, 보다 경건하고 성경적인 내용을 가사에 담기 위해서입니다. 더 나은 찬양을 위한 선택이라는 점에서 의도는 좋습니다. 하지만 시편 찬양을 예배 찬양의 기준으로 삼는 것은 잘못된 선택입니다.

이미 살펴본 것처럼 하나님 나라의 예배 찬양은 예수님께서 과거와 현재와 장래에 베푸신(베푸시는, 베푸실) 은혜를 선포하고, 주님이 죽임 당하신 어린 양이심을 경배하며, 주님께 영광과 존귀와 능력을 올려드리는 고백의 찬양이어야 합니다.

그렇다면 시편에 예수 그리스도에 대한 직접적인 내용이 나옵니까? 죽임 당하신 어린 양에 대한 경배가 나옵니까? 십자가의 구속 사역을 완성하시고 부활하여 승천하시고 보좌 우편에 계신 예수 그리스도에 대한 고백이 나옵니까? 예수 그리스도께서 각 나라와 족속과 백성과 방언 가운데 우리를 구원하시고 제사장 삼으시며 다스리게 하신다는 선포가 나옵니까?

전혀 나오지 않습니다. 믿음의 사람들이 시편을 쓸 당시에는 단지 메시아가 오실 것이라는 정도, 그분이 고난 당할 것이라는 정도만 희미하게 알고 있었기 때문입니다. 시편 기자들은 메시아가 하나님의 아들이라는 사실도 명확하게 몰랐고, 그분이 예수님이라는 것도 몰랐고, 메시아가 십자가에 달려 죽으셨다가 삼 일 만에 부활하실 것도 몰랐고, 메시아인 하나님의 독생자 예수님께서 승천하신 후 하나님 보좌 우편에 앉으시고 하나님 나라에서 경배와 찬양을 받으실 것은 더더욱 몰랐습니다.

시편 찬양은 아름다운 것임에는 틀림없지만 실제로는 절반의 찬양에 불과합니다. 예수 그리스도에 대한 명확한 선포와 고백을 담고 있지 않기 때문입니다. 예수 그리스도께서 하나님 오른손에서 두루마리를 가져다가 요한에게 베푸시는 현재의 은혜도, 장차 성도들이 왕 노릇 하게 하실 것이라는 장래의 은혜도 들어 있지 않기 때문입니다. 그러므로 시편 찬양을 예배 시간에 사용할 수는 있지만, 예배 때 드리기 가장 좋은 찬양이라고 할 수는 없습니다. 시편 찬양을 기준 삼아 다른 찬양들을 평가해서도 안 될 것입니다.

가장 합당한 예배 찬양은 예배받으시는 분께만 올려드리는 찬양입니다. 과거-현재-장래에 하나님과 예수 그리스도께서 역사하며 이미 베푸셨고, 지금 베푸시고, 앞으로 베푸실 은혜를 노래하는 찬양입니다. 우리는 이왕이면 이런 내용의 예배 찬양을 불러야 합니다.

당연한 말이지만, 예배 시간에 주님이 아닌 다른 무언가를 높이는 것은 옳지 않습니다. 이유야 어찌 되었든, 예배 시간에 설교자를 칭송하거나 성도에게 박수를 치며 축하하는 일도 합당하지는 않습니다. 예배는 오직 성삼위 하나님만을 높이며 성삼위 하나님께만 경배와 찬양을 드리는 것이어야 합니다.

예배 찬양의 3요소?

'하나님 나라-예배'에서 울려 퍼지는 찬양은 가사 중심입니다. 계시록은 가사 이외에 찬양에 관련한 다른 것은 거의 기록하지 않습니다.

요한이 살던 로마 제국 시대에도 리듬과 곡조가 있었고, 그보다 훨씬 이전인 구약 시대 시편에도 "인도자를 따라 부르는 노래"라든가 "현악에 맞춘 노래, 여두둔의 법칙에 따라 부르는 노래" 등과 같은 음운, 곡조 등이 있었습니다. 하지만 요한은 삼박자라든지, 왈츠풍이라든지, 헤비메탈 분위기라든지, 곡조나 장르와 관련된 언급은 단 한 번도 하지 않습니다. 찬양의 내용, 즉 가사만을 세밀하게 기록합니다.

음악의 3요소로 멜로디, 리듬, 화음을 꼽습니다. 어떤 예배자들은 예배 찬양에 알맞은 멜로디, 리듬, 화음이 있다고 생각하고, 그런 것을 추구하기도 합니다. 찬양이 음악이라는 옷을 입고 있기에 그런 논의가 필요하기는 하지만, '하나님 나라-예배'에서 보듯, 예배 찬양의 3요소는 결코 멜로디, 리듬, 화음이 아닙니다. 예배 찬양의 3요소는 '가사, 가사, 그리고 가사'입니다. 어떤 노래를 놓고 이것이 찬양인지 대중가요인지를 분별할 때는 한 가지만을 봐야 합니다. 가사 안에 예배받으시는 분인 하나님과 예수 그리스도를 높이는 내용이 담겨 있는지 봐야 합니다.

예배 시간에 하나님을 높이고 주님께 영광을 돌리는 내용이 담기지 않은 곡으로 찬양을 드린다면, 그것이 오케스트라 반주에 맞춘 것이든 눈물 나게 감동적인 멜로디로 만들어졌든 예배에 합당하지 않은 음악에 불과합니다.

이런 점에서 보면, 시편 중에 예배 찬양으로 적합하지 않은 내용이 담긴 시가 많음도 쉽게 알 수 있습니다. 시인 개인의 분노, 절망, 좌절, 기쁨 등을 토로하는 시도 많기 때문입니다.

목소리 찬양

예배 찬양과 관련해 한 가지만 더 말하겠습니다. 요한은 '하나님 나라-예배'에서 드려진 찬양을 기록하면서, 악기는 한 가지만 언급합니다. 계시록 5장에서 네 생물과 이십사 장로들이 각각 거문고를 들었다고 기록하고(5:8), 하나님 나라에 들어온 십사만 사천 명이 하나님 보좌 앞에서 새 노래를 부르는 장면을 묘사할 때에도 "거문고 타는 자들이 그 거문고를 타는 것 같은" 소리라고 설명합니다(14:2). 이긴 자들이 어린 양의 노래를 부를 때는 "하나님의 거문고"를 가지고 찬양한다고도 설명합니다(15:2). 계시록은 독특하게도 찬양에 사용된 악기로는 거문고 한 가지만을 언급합니다.

'거문고'라는 설명이 문자적인 거문고를 뜻하는지, 실제로는 여러 종류의 악기가 사용되는데 그 모든 것을 총칭하여 거문고라고 말하는 것인지는 알 수 없습니다. 계시록에 언급된 거문고가 우리가 알고 있는 그 거문고인지, 하나님 나라에서 성도들이 새로 만들어 낸 악기인지, 아니면 천사들이 사용하던 악기인지, 그것도 아니면 하나님께서 만들어 주신 악기인지도 알 길이 없습니다. '거문고'라는 단어(헬라어로 '키타라')는 신약성경에서는 거의 계시록에만 등장합니다. 그래서 악기와 관련해 우리가 확실하게 말할 수 있는 점은, "하나님 나라 예배에서 악기를 사용한다"는 하나뿐입니다.

그에 비해 하나님 나라에서 울려 퍼지는 찬양은 예외 없이 모두가 목소리를 내어 부르는 노래 중심으로 묘사됩니다. 네 생물도 목소리로 노래하며 하나님을 찬양하고, 이십사 장로들 역시 목소리로 노래하며 찬양합니다. 지금껏 살펴본 찬양과 우리가 살펴보지 않은 계시록에 나오는 모든 찬양은 '목소리로 부르는 노래'라는 중요한 특징을 드러냅니다.

천상의 존재들이 내는 목소리는 우리가 지상에서 듣는 것과 동일한 목소리가 아닐지도 모릅니다. 하나님 나라에서 들리는 목소리는 나팔 소리 같기도 하고, 거문고 소리 같기도 하니까요. 어쩌면 지상의 오케스트라 연주보다 더 다양하고 화려할지도 모르겠습니다. 목소리 중심이라고 해서 우리가 아는 그레고리 성가나 아카펠라를 연상하면 그것 역시 오해입니다.

여하튼 요한은 악기보다는 목소리로 부르는 노래를 찬양에서 중요한 부분으로 기록합니다. 그렇기에 예배 찬양은 악기 사용보다 목소리로 부르는 노래가 더 본질적입니다. 가사 중심이라는 말도, 예배 찬양이 목소리 중심임을 보여줍니다. 악기는 가사를 전달하지 못하지만 목소리는 가사에 담긴 내용을 전달하기 때문입니다.

큰 목소리 찬양

예배 시간에는 큰 목소리로 찬양을 불러야 합니다. 어떤 교회와 신학 전통에서는 예배 시간에 찬양을 부르지 않거나 제한하는 경우가 있습니다. 구약에 나오는 시내산 언약 체결식에 찬양이 포함되지 않았으므로, 혹은 성막이나 성전에 들어가면 숨소리조차 내지 못하게 되어 있으므로, 예배 시간에도 찬양을 부르지 않는 것이 옳다고 주장하기도 합니다. 심지어 노래를 잘 하지 못하면 차라리 입을 다무는 것이 낫다고 가르치는 교회를 본 적도 있습니다.

이런 생각과 주장 혹은 이런 방식의 예배는 성경적이지 않습니다. 시내산 언약 체결식이나 성막 혹은 성전에서는 찬양을 부르지 않았을지라도, 우리가 드리는 예배의 기준이 되는 '하나님 나라-예배'에는 찬양이 가득하기 때문입니다. 누군가가 "왜 예배 시간에 찬양을 해야 합니까?"라고 묻는다면, 간단하게 대답할 수 있습니다. 지금 하나님 나라에서 예배가 드려지고 있고, 그곳에서 모든 예배자가 큰 목소리로 찬양하고 있기 때문이라고 말입니다. 우리도 예외가 아닙니다. 예배자로 설 때마다 큰 목소리로 찬양해야 합니다.

닫는 글
예배를 통해 누리는 은혜

예배를 통해 누리는 은혜에 대해 이야기하며 이 책을 마무리하고 싶습니다. 예배자는 예배를 통해 하나님의 임재와 영광을 경험하고 누릴 수 있습니다. 예배란 하나님 앞에서 드리는 것이기 때문입니다. 또한 예배자는 예배를 통해 하나님 말씀을 들을 수 있고, 완전한 중보자이신 예수 그리스도께서 하나님 오른손에 있는 은혜를 가져와 예배자에게 베푸실 때 이를 충만하게 맛보고 누릴 수 있습니다. 이것은 예배의 기본 중에 기본입니다.

구체적으로 어떤 은혜를 누릴 수 있는지 구구절절 나눌 수 있겠지만, 정말 중요한 것은 기준과 원리를 잘 이해하는 것입니다. 계속 설명하는 것처럼, 우리가 이 땅에서 드리는 예배는

'하나님 나라-예배'를 기준으로 삼습니다. 우리가 소망하는 예배의 은혜 역시 '하나님 나라-예배'에서 베풀어지고 누려지는 은혜가 기준입니다. 우리는 예배를 통해 초대교회의 모습이 회복되기를 간구하는 것이 아니라, 하나님 나라의 은혜를 지금 이 땅에서 공급받고 경험하기를 간구해야 합니다. 우리는 예배를 통해 종교개혁의 열정이 회복되기를 간구하는 것이 아니라, 하나님 나라의 완전함이 교회와 이 땅 위에 임하기를 간구해야 합니다. 지상에서 드리는 예배는 '하나님 나라-예배'를 닮아야 하기 때문입니다.

예를 들면 이렇습니다. '하나님 나라-예배'에는 인종 차별이 없습니다. 나라와 족속과 백성과 방언 가운데 구원받은 모든 자들이 예배드리기 때문입니다. 그러므로 지상에서 드리는 예배에서도 인종 차별이 있어서는 안 됩니다. 예배는 우리가 살아가는 사회, 문화, 역사를 기준으로 삼아서는 안 됩니다. 이 땅에는 아직 죄와 그 죄의 여파가 남아 있고 여전히 악한 질서와 차별이 남아 있기에, 예배는 지상의 어떤 것도 기준으로 삼지 않습니다. 예배는 아무 차별이 없는 '하나님 나라-예배'를 기준으로 삼습니다. 그러므로 적어도 지상에서 드리는 예배를 통해 인종 차별은 철폐되고 부서져야 합니다. 예배 시간만큼이라도 차별 없는 하나 됨이 이루어져야 합니다.

남녀 차별도 마찬가지입니다. 하나님 나라에서 남자와 여자는 지배와 복종의 관계가 아닙니다. 지상의 교회는 죄와 형벌이 현존하는 이 세상에 있기에, 남녀의 관계도 하나님 나라의 모습을 고스란히 닮지 못하는 경우가 많습니다. 하나님 나라는 전혀 그렇지 않습니다. 죄와 형벌이 시작되기 이전보다 더 온전하게 회복된 남녀 관계만이 있습니다. 그러므로 적어도 우리가 드리는 예배 때만큼은 남녀 차별 없이 모두가 하나님을 경배하고 찬양할 수 있어야 합니다.

직분도 마찬가지입니다. 지상 교회에는 직분이 존재하고 차이가 있기도 하지만, 하나님 나라에서는 직분에 따라 예배의 참여도가 결정되지 않습니다. 그러므로 우리가 이 땅에서 드리는 예배에서도 직분으로 차별하는 일이 있어서는 안 됩니다.

우리의 예배는 '하나님 나라-예배'가 기준입니다. 그러므로 하나님 사랑을 행할 때는 하나님 나라에서 하나님께 행하듯 하고, 이웃 사랑을 행할 때도 하나님 나라에서 이웃에게 행하듯 해야 합니다. 마찬가지로 우리가 예배를 통해 누리기 원하는 간절한 소망은, 당연히 예배를 통해 하나님 나라가 지상에 임하고 예배를 통해 하나님 나라가 확장되는 것입니다.

적절하지 않은 비유일지도 모르지만, 하나님 나라가 365일 24시간 켜져 있는 서버 슈퍼컴퓨터라면, 우리는 이 땅에서 예배를 통해 그 서버에 접속하는 지역 네트워크 컴퓨터입니다. 예배는 우리를 하나님 나라와 직접 맞닿게 해주며, 또한 이 땅에 하나님 나라를 임하게 합니다.

우리는 하나님 나라와 영생을 이미 소유하고 있지만 아직 완전히 누리지는 못합니다. 그러나 예배는 바로 그 하나님 나라와 영생을 지금 이 땅에서 맛보고 누리게 해 줍니다. 예배는 지금 이 땅에서 하나님 나라를 누리는 것이기 때문입니다.

하나님 나라를 사모하는 모든 성도들이 주님 앞에 엎드려 경배하며, 고백하고 선포하며, 큰 목소리로 찬양하며 예배드릴 때마다, 성삼위 하나님의 놀라운 영광과 은혜가 하늘로부터 이 땅 위로 폭포수처럼 쏟아져 내리기를 간절히 소망합니다.

아멘, 주 예수여 오시옵소서.

예배 관련 추천 도서

예배에 관한 책들은 매우 많이 나와 있습니다. 그만큼 예배가 중요하기 때문이지요. 그중 몇 권을 추천합니다. 신학 서적은 제외했습니다. 예배에 대한 어떤 책이든 잘 읽고 잘 소화하고 잘 실천하는 것이 중요합니다. 예배 관련 책을 읽을 때 교리 중심인지, 교회사 중심인지, 경험 중심인지, 정말 성경 중심인지 분별하며 비판적 관점으로 읽기를 권합니다.

제임스 던 『첫 그리스도인들은 예수를 예배했는가?』

조금 학문적이기는 하지만, 초대교회의 기독론과 예배를 이해하는 데 좋은 기초지식을 제공합니다. 초대교회 예배에 대한 다른 학자들의 책은 대부분 오래전에 나와 절판되었는데, 이 책은 비교적 최근에 출간되었습니다.

로버트 뱅크스 『1세기 교회 예배 이야기』

매우 짧은 책입니다. 초대교회 예배 장면을 소설적인 기법으로 재구성해 보여줍니다. 오늘날 보편적인 예배 모습과 다른 측면들을 부각시키고 있기에, 지금 드리는 예배에 대해 다시 한 번 생각해 보게 합니다.

A. W. 토저 『예배인가, 쇼인가!』

현대 교회와 성도들이 예배를 외양적인 것으로 만들고, 그런 모습에 익숙해져 가는 모습을 적절하게 지적합니다. 이 외에도 토저가 예배에 대해 쓴 여러 책들이 있는데, 함께 읽어도 도움이 될 것입니다.

마르바 던 『고귀한 시간 낭비 - 예배』

저자의 다른 책들과 마찬가지로 비교적 감성적이고 서정적인 방식으로 예배라는 주제를 풀어 갑니다. 예배가 현실적으로 어떤 점에서 유익을 주는지, 교회와 신앙이 실제적으로 어떠해야 하는지를 예배 중심으로 부드럽게 잘 설명합니다.

김기현 『예배, 인생 최고의 가치』

매우 다양한 측면에서 예배와 관련된 거의 모든 내용을 다루고 있습니다. 신학적 접근이 아니라 목회자의 시각에서 쓰고 있습니다. 저자의 다른 책들도 함께 읽어보기를 권합니다.

존 맥아더 『예배 - 우리는 예배드리기 위해 구원받았다』

당연한 듯 보이는 기본적인 내용들을 친절하게 잘 설명하고 있습니다. 예배가 무엇인지 목사가 교인에게 천천히 설명해주는 듯 편안한 느낌으로 읽을 수 있는 책입니다.